大学生の
学びをつくる
New Basics for
Collegiate Learning

ハタチまでに
知っておきたい
性のこと
第3版

橋本紀子・田代美江子・関口久志 編

大月書店

まえがき

　本書は，大学生向けの学びをつくるシリーズの1冊として，現代の若者に必須の「性」に関する事柄を，さまざまな側面から取り上げています。

　性教育・性の学習を保障することは，セクシュアル・リプロダクティブ・ヘルス／ライツ（SRHR）の実現において不可欠であることは，いまや国際的な共通認識となっています。その大きなうねりは，1994年の国際人口・開発会議（カイロ会議）や1995年に北京で開催された第4回世界女性会議において，リプロダクティブ・ヘルス／ライツ（生殖に関する健康と権利）の重要性が確認されたところから出発しました。性と生殖の問題において人権アプローチが意識されたということです。以降，セクシュアル／ライツ（性の権利）の重要性はさまざまな機会に確認され，「包括的性教育を受ける権利」は，「性の権利」として位置づけられています。

　性教育の具体的な内容に着目すれば，性教育は，単なる性の生理学的な側面にとどまらず，健康にかかわる科学的知識，関係性や性行動を選択するための価値観やスキル，性の文化的・社会的側面等を含むものとして拡大してきました。この点に大きな役割を果たしたシーカス（SIECUS：Sexuality information and Education Council of the United States，全米性情報教育協議会）は，1991年に『包括的性教育のためのガイドライン 第1版 ("Guidelines for Comprehensive Sexuality Education Kindergarten through 12th Grade" 1 st)』を出し，包括的な性教育の全貌を示しています。こうした1990年代からの成果の結実が，2009年，ユネスコが中心となって開発した『国際セクシュアリティ教育ガイダンス（International Technical Guidance on Sexuality Education）』（以下『ガイダンス』）だといえます。

　2018年には，『ガイダンス』の改訂版が出されます。そこには，「『ガイダンス』の初版が出されて以来，包括的性教育のフィールドは急速に発展した」と述べられています。実際，人権アプローチと，ポジティブなセクシュアリティ観を基盤とする包括的性教育実践への取り組みと，その科学的根拠

まえがき　　iii

を強化する研究が各国で進められてきました。

　ところが日本では，2002年頃からジェンダー平等教育や性教育実践に対する攻撃が激化しました。国会や地方議会で厚生労働省所管の外郭団体が作成・発行した『思春期のためのラブ＆ボディ BOOK』，吹田市や東京書籍の性教育教材，そして東京都立七生養護学校（当時）での性教育実践がターゲットにされ，「過激性教育」として攻撃されました。七生養護学校への攻撃は，「こころとからだの学習」裁判へ発展し，2013年には，その性教育実践は「望ましい取り組みであった」と明言した東京高裁の勝利判決が確定（2013年11月28日）します。バッシングを受けてから10年という長い時間を経て勝ち取った勝利ですが，この間，学校現場における性教育は大きく後退し，日本に暮らす子ども・若者たちは，最新の科学的なデータや知見にもとづいた性に関する知識とスキルを，多面的に学ぶ機会を奪われてきました。

　もちろん，性教育停滞期にあっても，子どもたちの実態や学びの要求に応えようとする教師や性教育にかかわる専門家，保護者，市民などのおとなたちは，さまざまな工夫と協働によって性教育を続ける努力をしてきました。「こころとからだの学習裁判」での勝利は，粘り強く性教育に取り組みつづけてきた人々を励ますものでしたが，教育への政治的介入は，学校現場を萎縮させ，性教育への取り組みが広がることを妨げ，結果，子ども・若者たちへの性の学習の保障は不十分なまま現在にいたります。2018年には，再び東京で，公立中学校の「性の学習」の実践に対する政治家による攻撃が起こっています。日本の性教育は国際的に見れば20年以上の遅れをとっており，その犠牲となっているのは，子ども・若者たちです。

　こうした状況から私たちは，未来を担う日本の子ども・若者たちが，人間の性を「人権」や「科学」の視点から捉え，国際的な「包括的性教育」の動向から取り残されていくことに危機感を感じ，性に関する事柄を学びそびれた大学生向けに，本書を作成することにしました。2014年の初版刊行からすでに10年が経過していますが，残念ながら，すべての子ども・若者たちに性の学びが保障されているとはいえない状況は続いています。

　もちろん，20年前とは異なる状況もあります。2018年に起こった公立中

学校への性教育への攻撃は，むしろ，性教育の必要性への世論の高まりを促し，性教育関連書籍が多数出版され，「包括的性教育」という用語も広まりつつあるように見えます。人権課題として「性の多様性」に関する政策も進展しています。現在300を超える自治体で同性パートナップ制度が導入され，2023年には，課題を抱えながらも「性的指向及びジェンダーアイデンティティの多様性に関する国民の理解の増進に関する法律」が策定されました。

　この10年間の停滞と進展，その両方を意識しながら今回の改訂版は作成されました。性教育だけでなく，性の多様性を含むジェンダー平等の実現という点でも，日本は国際水準から遠くかけ離れてしまっていることも事実ですが，政治分野，労働分野等で少しずつ，格差是正，平等に向けた法制化がなされ，刑法の性犯罪規定の改正なども進んできています。それらは各章でも触れられていますが，この10年間の少しずつの変化が大きなうねりになりそうな気配を感じる現在，それを担っていくであろう若い世代へのエールとして，期待をこめて，このテキストを作成しました。

　本書の構成は，パート１で，世界と日本の〈性〉と性教育の現在を扱い，パート２で，性と健康・身体と生殖の権利にかかわる大学生に必要な知識とスキル，パート３で，社会におけるジェンダー・セクシュアリティ，人間関係の課題を取り上げています。包括的性教育の学びにおいて重要なことは，乳幼児期から繰り返し学び，その知識が積み上げられていくことですが，大学生からでも遅くはありません。性について学ぶことは，ジェンダー平等や性の多様性など，まさに人権の中核にある課題を理解しながら人間関係について学ぶことです。みなさん自身が，性に限らずまわりの出来事や社会問題に意見をもち，価値判断をし，行動し，自分たちが幸せに生きていくための関係性を構築できることをめざすのが包括的性教育です。

　本書には，他者との親密な関係が発展し，性行動が活発化するまでに学んでもらいたい内容が満載されています。関心のあるところから，一人で，また友だち同士で読んでみてください。本書を素材に，いろいろなところで，性，性教育についての率直な話しあいがもたれることを期待しています。

2025年１月　　　編者一同

目 次

まえがき　iii

パート1 世界と日本の〈性〉と性教育の現在

第1章　性教育をめぐる国際的動向と日本 ……………2
1．「性の権利」としての包括的性教育（田代美江子）……2
2．諸外国と日本の性教育（橋本紀子）…………………10

第2章　性とジェンダーをめぐる日本の状況 …………22
1．若者の性行動（茂木輝順）……………………………22
2．性教育バッシング（井上惠美子）…………………30
3．日本のジェンダー平等の現実（田代美江子）………33
コラム　女性差別撤廃条約（福田和子）……………39

パート2 性と健康・からだと生殖の権利

第3章　性の多様性の尊重（渡辺大輔）…………………42
1．性は多様である………………………………………42
2．性の多様性をめぐる発達課題と社会的困難 ………45
3．社会の変化……………………………………………50
4．性の多様性を尊重した社会をデザインするために …52

第4章　からだを知る（関口久志・艮　香織）…………54
1．からだの権利…………………………………………54
2．月経……………………………………………………58
3．射精……………………………………………………62

第5章 性的欲求と性的同意（関口久志）………… 66

1. 性は本能か ………… 66
2. 性を人権としてより大切にするために ………… 67
3. 性から遠ざかる若者たち ………… 72

第6章 避　妊（森岡真梨）………… 76

1. なぜ避妊をするのか ………… 76
2. 避妊法 ………… 77
3. もしも避妊に失敗したら ………… 81
4. 日本人の避妊 ………… 81
5. 自分に合った避妊法を選ぶ ………… 83
6. 避妊と自己決定 ………… 84
7. 避妊と禁欲 ………… 86

第7章 妊娠・出産・中絶（小林由美）………… 87

1. 産む・産まないにかかわらず，妊娠・出産
   について知っておきたいこと ………… 87
2. 産む選択をする──リプロダクティブ・ヘルス／
   ライツとしての主体的な出産 ………… 94
3. 産まない選択をする──人工妊娠中絶 ………… 97

第8章 不妊と生殖補助医療（小林由美）………… 101

1. 不妊とは何か，どう向きあうか？ ………… 101
2. 生殖補助医療の現在 ………… 103
3. 生殖補助医療とそこにある問題 ………… 105

第9章 性感染症の予防と私たちの暮らし（丸井淑美）… 107

1. 性感染症の基礎知識 ………… 107
2. 主な性感染症 ………… 108

3．若者に流行している身近な性感染症 ……………109

4．相談と検査 ……………110

5．HPV（ヒトパピローマウイルス）……………111

6．HIV／AIDS と私たちの暮らし ……………112

パート3 性と人間・社会との関係

第10章　性と暴力（平井美津子）……………122

1．性暴力は身近なところに ……………122

2．不同意性交罪とは——No Means No ……………125

3．日本軍「慰安婦」……………126

4．沖縄で起きる米兵による性暴力
　　——戦争・軍隊と性暴力の根深い関係 ……………130

5．私のからだは私のもの ……………131

第11章　デートDV（艮　香織）……………133

1．デートDVとは何か ……………133

2．デートDV　その特徴と要因 ……………135

3．デートDVにどう向きあったらいいか ……………138

4．デートDVの学びをきっかけに ……………142

第12章　SNS・ICTsがジェンダー・セクシュアリティに
　　与える影響（堀川修平）……………144

1．ICTsと子ども・若者たち ……………144

2．社会運動に影響を与えるSNS・ICTs ……………147

3．「居場所」づくりに影響を与えるSNS・ICTs ……………149

4．エンパワメントのツールとして有効に活用するために ……152

第13章 性の商品化と売買春 （関口久志） …………154

1. 性の商品化とは ………154
2. 若い女性と性産業 ………155
3. 性の商品化とその危険 ………161
4. 性の商品化をめぐる権利侵害を解消する道 ………162

第14章 多様な家族・暮らしを考える （艮 香織） ………165

1. 家族とは何か ………165
2. 家族と結婚は多様化したのだろうか ………167
3. 「家族」が見えにくくしているもの ………172
4. 家族のこれまでとこれから ………173

第15章 雇用平等の現実 （中嶋みさき） ………176

1. 失われた30年と働き方の変化 ………176
2. M字型雇用からL字型雇用へ──残る性別役割分業 ………178
3. 男女雇用機会均等法から女性活躍推進法へ ………184
4. 労働と生活の権利の保障のために ………187

参考文献　188

資料1　性の権利宣言　190

資料2　『改訂版　国際セクシュアリティ教育ガイダンス』「キーコンセプト8　性と生殖に関する健康／トピック8.1妊娠・避妊」の学習目標　192

資料3　相談機関一覧　194

あとがき　200

パート1

世界と日本の〈性〉と性教育の現在

第1章
性教育をめぐる国際的動向と日本
1.「性の権利」としての包括的性教育

国際的には，包括的性教育が「性の権利」として位置づけられていることを知る。包括的性教育とは何か，その特徴を理解する。

「包括的性教育（CSE）」「ジェンダー」「セックス」「セクシュアリティ」「セクシュアル・リプロダクティブ・ヘルス／ライツ（SRHR）」

セックスとジェンダーとセクシュアリティ

　性教育をめぐる国際的動向を確認するにあたり，その基本的な前提として，セックスとジェンダー，セクシュアリティという用語・概念について確認しておこう。これらの用語は，性をめぐる健康や権利を追求する運動のなかで確認されてきたものであり，その概念を理解しておくことは，「性教育」とは何かということを理解するために必要不可欠だからである。

　ここでは，国際家族計画連盟（IPPF）による『IPPFセクシュアル／リプロダクティブ・ヘルス用語集』（2010年）および，ユネスコ編『改訂版　国際セクシュアリティ教育ガイダンス』（2018年）にある用語解説の定義を見ておこう（表1）。

　セックス＝生物学的性差・性別／ジェンダー＝社会的・文化的（につくられた）性差・性別と説明されることが多く，現在でもこうした理解は広く通用しているかもしれない。こうした理解は，セックスは自然でより本質的なものであり，ジェンダーを規定しているという捉え方に結びつく。しかし，ジェンダー研究の発展のなかで，セックスは「ヒトの女性と男性を定義する」，「男性または女性のいずれかの集団のメンバーとして人々を分類するため」の「生物学的特徴」だとされていることがわかる。さらに，ジェンダー

表1　性をめぐる用語の定義

国際家族計画連盟（IPPF）『IPPFセクシュアル／リプロダクティブ・ヘルス用語集』2010年
【セックス】　ヒトの女性と男性を定義する生物学上の特性。一連の生物学的特徴は，男女を区別する結果になりがちだが，双方の特徴をもった個人もおり，男女の違いは互いにきっぱり分けられるものではない。
【ジェンダー】　男性または女性であることに関連づけられる生物学的，法的，経済的，社会的，文化的属性と機会をいう。

ユネスコ編『改訂版　国際セクシュアリティ教育ガイダンス』2018年
【セックス】　男性または女性のいずれかの集団のメンバーとして人々を分類するために使われてきた生物学的および生理学的特徴（遺伝的，内分泌的，解剖学的）
【ジェンダー】　男性および女性であることに関連する社会的属性と機会，ならびに女性と男性，女子と男子の関係性，女性間の関係性，男性間の関係性を指す。これらの属性，機会および関係は社会的に構築されており，社会化のプロセスを通して学習される。

　の定義を見ると，「生物学的属性」も含まれており，男性／女性という属性やその関係性は「社会的に構築されている」とある。つまり，セックスは男女を区別し分類するために人間がつくりだした「知」だということ，換言すれば，ジェンダー規範を内面化した人間が，男女の違いを明らかにするために探求してきた「生物学的特徴」ということである。

　さらに，セクシュアリティについても確認しておこう。『改訂版　国際セクシュアリティ教育ガイダンス』では，セクシュアリティの概念を定義するのは「容易なことではない」としながらも，世界保健機関（WHO）などが示す定義，概念枠組みをふまえ，「「セクシュアリティ」は，身体，感情的な愛着と愛，セックス，ジェンダー，ジェンダーアイデンティティ，性的指向，性的親密さ，快楽と生殖についての理解と，これらの関係性を含む，人間であることの中核として理解される可能性がある。セクシュアリティは複雑で，生涯にわたって進化する生物学的，社会的，心理的，精神的，宗教的，政治的，法的，歴史的，倫理的，文化的な側面が含まれる」としている。つまり，包括的性教育が扱う性（セクシュアリティ）には，生物学的側面，人間関係を含む社会的側面，セクシュアリティの社会構築性，セクシュアリティと権力との関係といった広範な内容が含まれるということであり，包括的性教育は，「セクシュアリティやジェンダー，権力，および政治的，社会的側面の関係性を扱う」ものだと定義されている。

第1章　性教育をめぐる国際的動向と日本　　3

リプロダクティブ・ヘルス／ライツ（RHR）からセクシュアル・リプロダクティブ・ヘルス／ライツ（SRHR）へ

　リプロダクティブ・ヘルス／ライツ（RHR）につながる「子どもの数や産む間隔を自由に決める権利」のルーツは，20世紀初頭，女性の教育や参政権を求める第一波女性解放運動を背景の一つとしてアメリカやイギリスで活発化した産児調節運動にあるといえる。世界の人口増加や発展途上国における母子の健康問題に対応するため，1968年に設立されたジョイセフ（JOICFP：Japanese Organization for International Cooperation in Family Planning）によれば，1968年に開催された人権に関する国際会議で採択された「テヘラン宣言」において，「家族計画に対する権利」が明言されて以降，それは，世界女性会議，国際人口会議などさまざまな国際会議の場で確認されてきたという（『世界のセクシュアル・リプロダクティブ・ヘルス／ライツを目指す道のり1968-2021（日本語追補改訂版）』）。

　それまで議論されてきたことが，「リプロダクティブ・ヘルス／ライツ（RHR）」という「新しい概念」として明確に位置づけられたのが，1994年，カイロで開催された国際人口開発会議（以下，カイロ会議）である。翌1995年に北京で開催された第４回世界女性会議において，RHRの重要性が再確認され，そこでは，RHRには思春期の若者の問題やHIV/AIDSなど，セクシュアル・ヘルスが含まれることが確認され，「セクシュアル・リプロダクティブ・ヘルス／ライツ（SRHR）」について広く議論された。しかし，EU（欧州連合）により提起されたセクシュアル・ライツには，同性愛者の人権尊重が含まれていたため，イスラム諸国などからの反対に遭い，その時点での宣言や行動綱領の記載は，前年にカイロ会議で提起されたリプロダクティブ・ヘルス／ライツという表現にとどまることになった。しかし，これ以降，リプロダクティブ・ヘルス／ライツはセクシュアル・ヘルス／ライツを包含する「すべてのカップルと個人の性と生殖に関する権利」として認識，解釈され，議論が進展していく。

SRHRを実現する包括的性教育

　こうした流れのなかで，1999年8月，香港で開催された第14回世界性科学学会（WAS: World Association for Sexology）において，「性の権利宣言（Declaration of Sexual Rights）」が採択された。WASは，2005年に略称はそのままに，性の健康世界学会（World Association for Sexual Health）に名称を変更している。2014年3月には「性の権利宣言」の改訂版（巻末資料1）がWAS諮問委員会によって承認されている。

　「性の権利宣言」では，「性の権利は，すべての人々が他者の権利を尊重しつつ，自らのセクシュアリティを充足し，表現し，性の健康を楽しむことを保護するもの」であり，「性の権利はセクシュアリティ（性）に関する人権である」ことが宣言されている。宣言には16項目の具体的な性の権利が提示されており，その第10項に「教育を受ける権利，包括的な性教育を受ける権利」が掲げられている。そこには，「人は誰も，教育を受ける権利および包括的な性教育を受ける権利を有する。包括的な性教育は，年齢に対して適切で，科学的に正しく，文化的能力に相応し，人権，ジェンダーの平等，セクシュアリティや快楽に対して肯定的なアプローチをその基礎に置くものでなければならない」とある。

　2018年には，アメリカでSRHRの「新たな定義」が発表され，SRHRの推進を中心的に担ってきた国際家族計画連盟もこれを支持している（IPPF「テクニカル・ブリーフセクシュアル・リプロダクティブ・ヘルス／ライツの新定義」）。新たなSRHRの定義は，「人権の観点からエビデンスに基づいた包括的な」ものであり，これが出された背景として，SRHRが人権課題であることの再認識を促すこと，特にジェンダー不平等がSRHRの実現を阻んできたことが指摘されている。そして，これまでのSRHRが，母子保健，家族計画，HIV／AIDSの分野に偏っていたことへの反省のもと，新たに取り組むべき課題として，「性と生殖の健康に関する必須事業のパッケージ」が示されている。その第一に，「セクシュアル・リプロダクティブ・ヘルスに関する正確な情報と，カウンセリングサービス」の一つとして，「エビデンスに基づいた包

第1章　性教育をめぐる国際的動向と日本　　5

括的性教育（CSE）」があげられている。包括的性教育（CSE：Comprehensive Sexuality Education）がSRHRの実現を担うものとして重要な位置にあることがわかる。

国際的に推進されるCSE──『国際セクシュアリティ教育ガイダンス』

SRHRの実現を担うCSEの具体的方向性や内容を示す国際文書として発表されたのが『国際セクシュアリティ教育ガイダンス（"International Technical Guidance on Sexuality Education – An evidence-informed approach for schools, teachers and health educators"）』（以下『ガイダンス』）であり，2009年に初版が，2018年には改訂版が出されている。『ガイダンス』は，ユネスコが中心となり，国連合同エイズ計画（UNAIDS），国連人口基金（UNFPA），WHO，ユニセフといった組織，そして，世界中の数多くの性教育の専門家によって開発されたものである。

『ガイダンス』は，その時点での最新の科学的なエビデンスにもとづき開発されているが，同時に，「子どもの権利条約」「女性差別撤廃条約」をはじめとする数多くの国際的人権文書を基盤としていることが強調されている。改訂版『ガイダンス』では，その冒頭で「最も脆弱な人々のニーズが満たされ，誰も置き去りにされていない公正で公平，寛容，オープンで社会的に包摂的な世界を達成するため」の「果敢で変革的な開発アジェンダ」であるSDGs（持続可能な開発目標）について取り上げ，「持続可能な開発のための2030アジェンダ」の目標4「すべての人々への包摂的かつ公正な質の高い教育を提供し，生涯学習の機会を促進する」ことを実現させるための方策の一つとしてCSEを位置づけている。

この『ガイダンス』の役割は，教育や健康などにかかわる政策立案者が，人権を基盤とするＣＳＥの実現を促進するために，ＣＳＥプログラムや教材を開発し実践することを手助けすることである。そこには，教員が質の高いＣＳＥ実践を可能にするための準備態勢，サポート体制の構築方法，それぞれの地域社会に適切なプログラムの開発なども内容に含まれている。改訂版には，「『ガイダンス』の初版が出されて以来，包括的性教育のフィールドは

6　パート1　世界と日本の〈性〉と性教育の現在

急速に発展した」とあるように、『ガイダンス』の存在は、世界における
CSE実践を大きく進展させている。

包括的性教育（CSE）の目的

　以下では、改訂版『ガイダンス』にもとづき、CSEがどのような教育であるのかを見ていく。

　CSEは、子ども・若者たちが自らの「健康とウェルビーイング（幸福）、尊厳を実現すること」、「尊重された社会的、性的関係を育てること」、自分の選択が「自分自身と他者のウェルビーイング（幸福）にどのように影響するのかを考えること」、そして、生涯を通じて自分の「権利の保護を理解し確かなものにすること」をめざす教育である。この目的を達成するためのCSEの枠組みとして、以下の八つのキーコンセプトが示されている。

　　1．人間関係
　　2．価値観、人権、文化、セクシュアリティ
　　3．ジェンダーの理解
　　4．暴力と安全確保
　　5．健康とウェルビーイング（幸福）のためのスキル
　　6．人間のからだと発達
　　7．セクシュアリティと性的行動
　　8．性と生殖に関する健康

　これらのキーコンセプトは、「同等に重要で、相互に補強し合い、他のコンセプトと一緒に教えられるように意図されている」とあるように、独立した領域ではなく、また順番があるということでもなく、それぞれを関連させながら学習がつくられることがめざされている。それぞれのキーコンセプトには、具体的なトピックが設定され、それらのトピックは、さらに四つの年齢グループ（5〜8歳、9〜12歳、12〜15歳、15〜18歳以上）に分けられ、それぞれの年齢段階の学習目標があげられている。「包括的」とは、八つのキーコンセプトが示す広範な学習内容の包括性だけではなく、それぞれの学習テーマを発達課題に即して繰り返し、生涯を通じて学ぶという意味での包括性

第1章　性教育をめぐる国際的動向と日本　　7

も含んでいる。そして何よりも重要なことは，包括的性教育を享受することから誰も排除されないという学習者の包括性も意味している。

CSEの特徴

CSE実践において重要となるのが，「人権という確固たる基盤」，「人間の発達の自然な要素としての幅広いセクシュアリティ概念」である。この二つの「核となる要素」は，次のようなCSEの特徴として表れている。

その第一は，「普遍的人権と，健康，教育，情報における平等と非差別に対するすべての人の権利の理解に基づき，またその理解を促進するもの」として，CSE実践が「人権的アプローチ」をとるということである。第二に，CSEは，「性と生殖に関する健康，セクシュアリティ，行動，態度といったことに関する事実と科学的根拠によって構成される」ものであり，「科学的に正確である」という点である。第三に，多様性とジェンダー平等にもとづいていることである。改訂版『ガイダンス』では，ジェンダー不平等が，若者の健康やウェルビーイング（幸福）にマイナスの影響をおよぼしていることが重要な課題としてより強く認識され，「ジェンダーの理解」が新たなキーコンセプトとして設定されている。第四に，「性と生殖に対するポジティブな価値観と態度」を探求し，育成することであり，それが「自尊心，人権やジェンダー平等の尊重の育成につながるということである。第五に，学習者中心アプローチ，共同的学習方法がCSE実践において奨励されていることである。このアプローチによって，学習者が自分自身の人生について注意深く考え，振り返る機会を積極的につくりだすことが可能となる。

世界から見た日本の状況

『ガイダンス』が出されたことによって，CSEの取り組みは世界中に広がっている。しかし日本では，自分の生き方やアイデンティティ，人間関係に大きくかかわる性について包括的に学ぶ機会が保障されていない。それ以前に，自分のからだについての科学的な理解，性感染症や意図しない妊娠を避ける方法など，性の健康を保障する教育も十分とはいえない。こうした日本

8　　パート1　世界と日本の〈性〉と性教育の現在

の状況については，国連子どもの権利委員会・女性差別撤廃委員会から，複数回にわたって勧告を受けている。

たとえば，2019年に出された「第4・5回国連子どもの権利委員会最終所見」では，思春期の若者に対する包括的な性と生殖に関する健康のための政策に取り組み，性と生殖に関する健康教育が義務教育におけるカリキュラムとして一貫して実施するようあらためて勧告されている。

また，2024年10月に実施された女性差別撤廃委員会（CEDAW）による日本審査では，「学校のカリキュラムに，責任ある性行動を含む，性と生殖の健康と権利（リプロダクティブ・ヘルス・ライツ）に関する年齢に適した教育を含めるために講じられた措置についての情報」が求められていた。日本政府は，「小学校，中学校及び高等学校の学習指導要領は，性と生殖の健康と権利に関する内容を指導内容として位置づけている。学校における性に関する指導は，学習指導要領に基づき，児童生徒が性に関して正しく理解し，適切に行動を取れるようにすることを目的に，体育科，保健体育科及び特別活動などの学校教育活動全体を通じて行われている」と答えている。これに対しCEDAWは，責任ある性的行動についての教育を含む，年齢に応じた包括的性教育がカリキュラムに組み込まれること，その内容や用語について政治家や公務員が検閲，干渉しないよう勧告している。

国際的な潮流から大幅に遅れをとっている日本のCSEを進展させるためには，CSEが人権を基盤とする性の権利であることを，日本のなかで共通認識としていくことが重要である。

（田代美江子）

2．諸外国と日本の性教育

海外諸国と日本の性教育の違いを，それぞれの国の教育政策や法制，担当者，担当科目と内容，必修か否か等の視点から理解し，日本の課題を知る。

「ジェンダー平等」「多様な人間存在の承認」「関係性を学ぶ」「生理学的・科学的知識を学ぶ」

ヨーロッパやアジア諸国の性教育の制度的特徴──日本との比較

　性教育は宗教・性文化や地域特性によっても違いが生まれるので，キリスト教国，イスラム諸国，アジア，アフリカ諸国など，それぞれ異なる特徴をもっている。

　近年では，その違いを超えて，ユネスコ等国連機関による『国際セクシュアリティ教育ガイダンス』（2018年改訂）やWHOヨーロッパ地域事務所とドイツ連邦健康啓発センターによる『ヨーロッパにおけるセクシュアリティ教育スタンダード』（2010年）が，性教育の標準化案として多くの国に影響を与えている。

　ここでは，その違いを，主に私たちが調査に訪れた欧州やアジアのいくつかの国々と日本の性教育を比較検討することから見てみたい。日本の性教育の特徴は，2017年と2021年に私たちが行った二つの調査（中学校における性教育の実態調査，生徒の性知識調査，科研：研究成果報告書2019年3月および2024年3月に所収。研究代表者池谷壽夫，前者の課題番号16H03768，後者は20H01632）をベースにする。

　まず，性に関連する法制度には，どのようなものがあるだろうか。
　たとえば，差別禁止の対象に性的指向や性自認も加えた差別禁止法や同性同士の結婚も認める同性婚法や婚姻平等法などがある（表2）。さらに，台湾では2004年に「ジェンダー平等教育法」を，タイでは2016年に「思春期の妊娠問題の予防と解決のための法」を制定し，ここで，ジェンダー平等教育

や性教育の促進についても規定している。このように，性の多様性も含めたジェンダー平等社会の実現のための法制度の整備やSRHR（性と生殖に関する健康と権利）の普及は，包括的性教育の普及も促している。

欧州の性教育　多くのEU加盟国では性教育は必修で，必須内容が標準化されている国もかなりある（表2）。また，その名称も「性教育」「性と関係性の教育」さらに「家庭生活のための教育」などと異なる。後者は東欧諸国に多く見られる。

欧州諸国の性教育担当者は，指定された教員のみが行う場合，あるいは，専門担当者を決めない場合，専門の担当者とそれ以外の教員の両者が協力しあう場合，また，指定された教員と，各学校に配属もしくは巡回してくる医療従事者が協力している場合などの例がある。性教育担当者は，通常，生物の教師が多く，次いで健康専門職へと続く。そのため，性教育は生物の授業で多く扱われるので，人間の性や生殖に関する生理学的な側面について事実にもとづき，科学的に教えられる。

主に性教育に関する事項を扱う教科としては，「生物学」「科学」「健康教育」などがある。表2に示されるように，性教育担当者として，「宗教」「倫理哲学」「家庭科」「市民性教育」「人間学」「スポーツ・個人的社会的健康教育」の担当教員などもあげられていることから，それらの教科でも多様な角度からのアプローチがなされていることがわかる。

アジア諸国の性教育　タイでは前出2016年の「法」制定以来，性教育は職業高校では3年間のうち1学期間（半年）18時間の必修科目としてある。普通高校では必修科目はなく，多くの学校は保健体育の教科で性教育を行い，3年間のうち1学期間18〜20時間の性教育がめざされている。なかには，追加科目として包括的性教育を独立した科目として設けている学校もある。

2008年の「基礎教育コアカリキュラム」の保健体育の項で性教育については，6領域（①人間の性的発達，②性的健康，③性行動，④関係性，⑤個人の価値・態度・スキル，⑥社会・文化・人権）を性教育の必須の構成要素としている。いわゆる性教育のミニマム・スタンダードが提示されているのだ。

台湾では，2004年にジェンダー平等教育法が制定され，性の多様性を含

表2 欧州諸国の性教育実施に関連する指標

	オーストリア	ベルギー	ブルガリア	キプロス	チェコ	デンマーク	エストニア	フィンランド	フランス	ドイツ	ギリシャ	ハンガリー
①性教育のための政策・法律の有無	○	○	○	○	○	○	○	○	○	○	○	-
②性教育のために使われてきた言葉・術語は何か	SE	SRE	SE	SRE	SE	SE	OTH	SE	SE	SE	SE	EFL
③性教育は必修か	○	○	×	○	○	○	○	○	○	○	○	×
④性教育の必修化の年	1970	1995		2011	1970	1970	1996	1970	1998	1968	1995	
⑤最初に性教育を受けた平均年齢	11.6	12.5	13.3	N/A	13.7	12.2	N/A	11.8	13.1	11.3	13.3	12.8
⑥性教育の必須内容の有無	○	○	×	×	○	○	○	○	○	○	-	×
⑦性教育の担当者は誰か	DT	AT/DT/HP	DT/HP	DT/HP	DT	AT/HP	DT/HP	DT/HP	DT/HP	DT/HP	AT/HP	DT/HP
⑧教員養成での性教育の有無	○	○	○	○	○	○	○	○	○	○	○	○
⑨性教育へのNGOの協力の有無	○	○	○	○	○	○	○	○	○	○	○	○
⑩性教育への反対の有無	○	×	○	○	○	○	×	×	○	-	○	○
⑪同性婚法or婚姻平等法の有無	○	○	×	×	×	○	○	○	○	○	○	×
⑫同性婚法or婚姻平等法の制定年	2019	2003				2012	2024	2017	2013	2017	2017	2024

注) -：不明。

①⑥⑧⑨⑩⑪：○：有　×：無。

②SE：性教育（sex, sexual, sexuality education）。SRE：性教育に関係性の教育を加える。EFL：家庭生活のための教育。

③：○：はい　×：いいえ、この性教育とはSREのこと。

④⑤⑫：N/A：回答なし　空欄：該当しない。

⑦AT：すべての教員が担当できる。

　DT：指定された教員だけ担当（普通、生物の教員だが、宗教、倫理哲学、家庭科、市民性教育、人間学、スポーツ・

　AT/HP：すべての教員、および健康・医療職者（普通保健師だが学校心理士や学校医を含む）。

　DT/HP：指定された教員と健康・医療職者。　AT/DT/HP：すべての教員と指定された教員、および健康・医療職

出典）R.Parker et al.（2009）Sexuality education in Europe. Sex Education, 9(3),p.230 の表2 および，Michielsen,k.&
'Sexuality education in Europe and Central Asia: state of the art and recent developments; an overview of 25 countries.

むジェンダー平等の実現のために，毎学期ジェンダー平等教育に少なくとも4時間あてることが規定された。2008年に教育部（文科省）が義務教育9年間の「教育概要」を改訂し，ジェンダー平等教育は，すべての教員が研修によりジェンダー平等を体得して各学科を通じて教育することや，性教育は「健康と体育」教科で行われることなどが明記された。

　2011年の「教育概要」には同性愛に関する内容も盛り込まれ，教科書や教材でもそれらのテーマが取り上げられるようになった。2014年から義務教育課程が12年間になり，2016年から高校授業料が無償化された。この段階での教育概要では，ジェンダー平等についてはLGBTQを含めて細かく授業内容の情報がつくられていた。

　しかし，2018年の国民投票で，同性愛について学校で教えることに反対

アイルランド	イタリア	ラトヴィア	リトアニア	ルクセンブルク	オランダ	ポーランド	ポルトガル	スロヴァキア	スロヴェニア	スペイン	スウェーデン	イギリス
○	-	○	-	○	○	○	○		○	○	○	○
SRE	SE	OTH	SE	SRE	OTH	EFL	SE	EFL	-	SE	SRE	SRE
○	×	○	×	○	○	○	○	×	○	○	○	○
2003		1998		1973	1993	N／A	1999		-	N／A	1955	2014
12.5	12.6	N／A	N／A	N／A	12.1	13.1	N／A	12.5		12.8	12.1	12.1
×	×	○	-	○	×	○	○	×	-	×	○	○
AT	DT	DT	AT	DT／HP	DT	DT	AT	DT	-	AT	AT	DT／HP
○	-	○	-	○	○	-	-	-	-	×	○	-
○	×	○	×	○	○	○	○	○	-	○	○	○
○	○	○	-	-	×	○	-	-	-	○	×	-
○	×	×	×	○	○	×	○	×	○	○	○	○
2015				2015	2001		2010		2022	2005	2009	2014

OTH：その他（健康教育や性の形成を含む）。

人格的社会的・健康教育担当教員も含む）。

者。

Ivanova, o.(2022).Comprehensive sexuality education:why is important?.EU のTable 2, p.45, BZgA, IPPF EN, (2018) Assessment report', BZgA & IPPF-EN, 等をもとに作成。

する人々が多数派を占めたことを受けて，2019年の「教育概要」の改正では，ジェンダー平等教育についての記述が少し曖昧になっている。

このような紆余曲折があるものの，ジェンダー平等教育法があるので，性の多様性を含むジェンダー平等教育，性教育実施の基本線は変わっていない。現在は，『国際セクシュアリティ教育ガイダンス』を取り入れるように，教材，教育計画がつくられている途中で，小学校では，2020年から順次新教科書がつくられてきている。

タイ，台湾とも法整備は進んでいるが，ジェンダー平等教育，包括的性教育を実施できる教員が不足しており，教員養成課程や現場の教員研修が大きな課題であるといわれる。

日本の性教育　これらに対して，日本の性教育は全教科で取り上げること

になっているが，必修としてミニマム・スタンダードが決まっているわけではない。一方，性教育の年間計画の作成は各学校の自由裁量にまかされているので，これを立てない学校もある。しかし，年間計画の有無や，その内容は性教育の実施回数や質に大きく影響する。

　私たちの2017年調査では，中学校で最も多く性教育関連事項を扱う教科は保健体育（87.8％）であり，保健体育の教師が性教育担当者として最も多く（83.6％），次いで，外部講師（62.2％），担任（38.4％）と続く。2007年の同様の調査と比べると担任，養護教諭，家庭科，理科などの担当者が激減しており，理科教師は7.8％と1割にも満たない。その結果，（保健体育などに）性教育を含む年間計画を作成している学校だけが60.9％と有意に増加している。このように，性教育の担当科目や担当者はアジアの国々と共通しているが，ヨーロッパの主な傾向とは異なる。内容も避妊の仕組みや方法，人間の多様性についての記述などの点で相違がある。

　また，日本の中学校の性教育の平均時間数は3年間合計8.62時間，年間では約3時間弱であり，かなり少ない。2年生は1.97時間と極端に短いが，これは，保健体育科の2年生には性に関する学習の単元がないことと関係する。このように，中学校の性教育は保健体育科の教科書や学習指導要領の示す内容にますます焦点化している傾向がうかがえる。

　しかし，2007年調査に比べ，2021年の性知識調査では，性知識問題の合計平均正答数が増え，わからない数が減っている。また，性情報源として，男女とも「インターネットや携帯サイト」が有意に増えているので，学校の性教育以外から性知識を得やすくなっていることがうかがわれる。

　多くの国で，性教育の必須内容が決められている欧州の場合，それに必要な時間数が確保されていることが推測される。たとえば，筆者らの2013年調査で，フランスの公立中学校の生物の教師は14歳学年の「生物と地学」の授業では，6週間にわたり10時間ほどかけて人体の生理学的な内容を教えており，生殖器の解剖学的な内容に1時間，その他，性の多様性や交際についても3時間ほど割いているとのことであった。公立中学・高校の場合は，その地域にあるファミリー・プランニングセンターからの出前授業によって

も週1回程度の性教育が行われる。多くは，少人数のワークショップ形式で行われ，中学は男女別で高校は男女一緒が多い。

もう一つ，日本と異なる点としては，欧州諸国の多くが，学校と性教育関連のNGOとが協力しており（表2），セクシュアリティを含む青少年の成長，発達に関して，学校と地域との連携も盛んなことがあげられる。この点は，訪問したアジア諸国でも確認された。

さらに，各国とも，NGOの活動に公的資金が投入されている。たとえば，スウェーデンでは，スウェーデン性教育協会（1933年創立）の運営資金の50%が公的資金によって賄われている。同国には，国民の要求によってできたNPO や NGO の活動に補助金を与える補助金庁（SIDA）があり，GDP の1%が予算として割り当てられているという。

ヨーロッパやアジア諸国の教科書の特徴——日本との比較

まず，日本について見ると，2024年発行の中学理科では，本文で有性生殖の一つとして，ヒトも挿絵で示されているが，発生の具体例としては，動物はヒキガエルとバフンウニで説明している。2024年発行の高校の生物でも，動物の受精や発生の具体例は中学理科とほぼ同じで，「参考」でも，ヒトの発生過程や人間の性や生殖についての説明はまったくないなど，生物学的対象としてのヒトの記述が他国に比べて極端に少ない。

高校の「保健体育」教科書では，性行動の選択や結婚生活，家族計画のなかでの避妊法などは取り上げられているが，妊娠や避妊の生理学的な仕組みに関する科学的な説明や多様な避妊方法の紹介などは少ない。

性の多様性に関しては，2021年度発行の中学校教科書では，以前より多数の教科で関連する記述が増えたが，保健体育は学習指導要領で，異性愛のみが取り上げられ，性的指向・性自認にかかわる性の多様性には触れていないため，取り上げたとしてもコラム欄や欄外の注または資料扱いとなっている。しかし，小学校では，2024年発行の保健の教科書のほとんどが本文で，性の多様性に関して何らかのかたちで取り上げているなどの変化も見られる。

これに対して，オランダやフィンランドでは，「生物」や「人間生物学」

図1　ドイツの「生物」(5〜6学年)の教科書

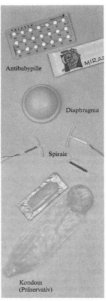

出典) Biologie plus, Klassen 5/6, Brandenburg, Cornelsen, 2010, p. 125.

で，人間の性と生殖にかかわる事項が体系的に教えられ，自分の性的健康を守るために必要な知識が得られるように構成されている。フィンランドでは，そのほかに「健康教育」で性行動や他者との関係性などを扱っている。中等学校の見習い段階にあるドイツの5〜6学年（11〜12歳）の教科書にも避妊に関する事項が取り上げられ，各種の避妊具の説明がなされている（図1）。

　フランスには，「生物」「健康教育」の教科はないが，「科学」の生物分野で，人間の生理学的部分や多様な人間存在の承認と関係性も扱われている。中学では避妊の仕組みと方法について多く取り上げ，高校では不妊治療や生命倫理の各国比較など社会制度的な側面までその視野は広がる。さらに，胎児の性決定時の性染色体の役割が説明され，1964年以降，XXの染色体をもちながら通常の外見を備えた男性がいることがわかっていると伝える。彼らは，X染色体上に引っかかるようにY染色体の断片（性決定遺伝子）をもって

図2　フランスの高校「科学」の教科書　胎児の性決定時の性染色体の役割

	通常の染色体		染色体の異常			
核型	46, XY	46, XX	47, XXY	45, X0	46, XX	46, XY
性染色体の組成	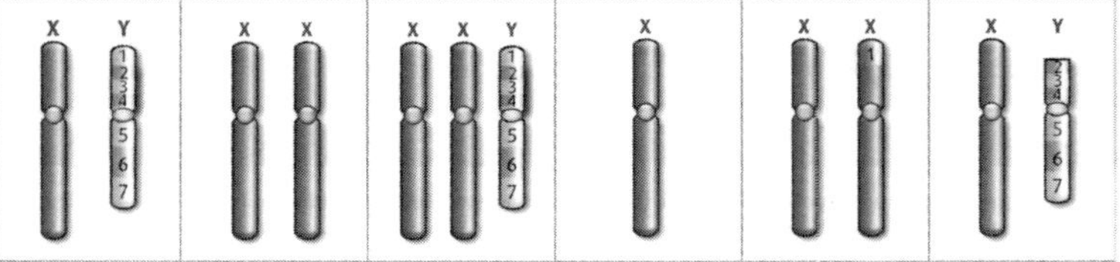 X　Y	X　X	X　X　Y	X	X　X	X　Y
生殖腺	精巣	卵巣	精巣の縮小	卵巣と子宮の委縮	精巣	卵巣と精巣の両方の外観をもつ生殖腺
外部性器	男性	女性	男性	女性	男性	女性

2 **L'étude d'anomalies chromosomiques dans l'espèce humaine.**
Elles sont liées à la perte ou au gain d'un chromosome, ou bien à des déplacements de fragments chromosomiques d'un chromosome à l'autre (translocations). Il y a réversion sexuelle quand le phénotype sexuel d'un individu ne correspond pas à son sexe chromosomique.
出典）SVT-SCIENCES DE LA VIE DE LA TERRE, 1reS. Belin. 2011. p. 204.

いることが確認されているなども紹介している（図2）。子どもの誕生時の性
または表現型の性についても触れ，多様な形態がありうることを示唆する。
このような科学的事実を示した後のページに，トランスジェンダーとホモセ
クシュアルの人たちの人権擁護デモの写真と解説が載せられている。
　韓国では，性教育関連事項は保健，技術・家庭，体育，道徳など多くの教
科で扱っているが，主に扱っているのは，保健である。小学校5年の教科書
でも，性暴力への詳しい対処法が示され，6年の教科書では，人間の生殖，
性交について，イラストを交えながら説明される。中学校では，避妊につい
て，コンドームの装着方法も図示して説明されている（図3）。
　また，性の概念には，ジェンダー，セックス，セクシュアリティの意味が
あるということや，国家人権委員会法で同性愛者への差別を禁じているとの
説明もある。高校は，中学校より多様な避妊方法を教えるなどより詳しくな
っているが，同様の事柄が取り上げられる。韓国の保健教科書は，小学校か
ら人間の性と生殖，性行動に関する生理学的，社会的，文化的側面の知識と
実践的スキル，具体的な解決方法や対処法を提示している点が日本と異なる。
　タイでも性教育は主に保健で行われている。中学校，高校の『保健教育と

第1章　性教育をめぐる国際的動向と日本　　17

図3　韓国の中学校保健　コンドームの装着方法の説明

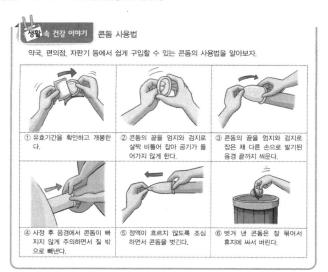

出典）중학교 보건（中学保健）와이비엠，2013，p.114

体育教育』によれば，学齢期のセックスは適切ではないという立場から，その理由を高校生の男女間で起きた具体的な事例をあげて，生徒たちに考えさせようとしている。また，異性との交際を禁止しているわけではないとして，節度ある交際を求め，性的欲求は自然のこととし，危険回避のために他の活動やマスターベーションの利用をあげている。中高とも，避妊や性感染症予防のためのコンドーム使用について触れているが，避妊の詳しい説明やスキルは取り上げず，積極的にセーフセックスを推奨しているわけではない。多様な性やエイズについても取り上げ，詳しい説明がなされている。中学でも避妊について取り上げている点，中高生で妊娠した場合の問題を生徒たちに具体的に考えさせている点などは日本と異なる。

　それでは，次に北欧の性教育について，より具体的に見てみよう。

　フィンランドの性教育　フィンランドの基礎学校は義務制で共通のカリキュラムだが，高校の場合，職業高校には「健康教育」という科目はなく，「生物」がある学校も少ないため，基礎学校7〜9学年（中学校）の性教育が

図4 フィンランドの中学「健康教育」 性の多様性の説明

出典）VIRE TERVEYSTIETO 7-9, OTAVA , 2016　p.155

重要になる。2017年発行の7〜9学年用『人間生物学』（OTAVA）の性教育関連事項は「遺伝と環境の連携」の部で扱われ，セクシュアリティは人生の重要な部分であるとして二次性徴や生殖器の構造，ホルモンとの関連について，さらに人生は受胎から始まるとして顕微授精なども含め，受精から胎児の成長，出産について，遺伝による特性の伝達，変異と突然変異による人間の進化などについて語られている。普通高校用の「生物」では，これらの事項がより詳しく述べられるとともに，避妊に関する事項も取り上げている。

　7〜9学年用『そよ風　健康教育』（OTAVA, 2016）の性教育関連事項は「性にまつわる喜びと責任」の章で扱われ，まず，誕生から死にいたるライフステージとそのなかでの思春期の急激な変化について取り上げている。次

に，セクシュアリティはLGBTQ＋も含むすべての人々にとって自己像の一部であり，性的指向に関係なく，すべての人が平等に扱われるべきことが強調される（図4）。次に，交際について取り上げられ，子どもたちの体験を載せつつ，親密な交際，性交，一夜限りの関係などについて解説されている。続いて，避妊や性感染症予防について取り上げている。

このように，健康教育では，性を科学的であると同時に，性の多様性を含むジェンダー平等を前提に，一人ひとりの人権の問題として学べるように構成されている。普通高校用の「人間・環境と健康」（EDITA, 2017）では，これらの事項がより詳しく記述されるとともに，気候変動などの環境問題も含めて健康について考えさせるものになっている。

「性的合意に関する法律」（2018年）後のスウェーデンの性教育　1955年に性教育が義務化されたスウェーデンだが，実際の教育は，学校長や個々の教員の自由にまかされていたので，性教育の質は学校間でも学校内でも大きな差があった。2018年に「性の同意に関する法律」が制定され，これを受けて，2022年に学習計画（ラーロプラン）が改訂された。1977年以来，教科を超えた必須の知識領域の一つとしてあった「性と共生」の名称が「セクシュアリティ，同意，関係性」と変わり，すべての学校，すべての教科で性教育に取り組むことが義務づけられた。また2021年には，教員養成でもこの点に関する学習がすべての学生の必修となった。この改訂で，セクシュアリティの問題として，ジェンダー平等の関係性と性的同意について義務教育学校から順序だてて徹底して教えていこうとしている。

このような変化は，2022年発行の生物学の教科書にも反映し，性の多様性や性的同意についてはどの教科書でも触れている。特に，高校生物では，「性的関心」については，WHOの定義なども引用して，人の性的関心や好みの違い，その多様性についての説明が十分になされ，トランスジェンダー，ノンバイナリー，インターセックスなどについて，さらに，これらの人々の集合的な名称としてのLGBTQIについての説明がなされている。

また，「生物学」は「性別の二元性の強化」をしているという批判に対して，「セックスは単なる性交や種付けではない」から，「セックスは膣内挿入

20　　パート1　世界と日本の〈性〉と性教育の現在

の性交を意味する必要がない」と述べている教科書もある（"TITANO BIOLOGI" GLEERUPS, 2022）。この教科書では，第一部で性的関心や多様な性，性的同意を扱い，第二部では買春と売春やトラフィッキングをはじめ社会問題にも触れつつ，妊娠，中絶など異性愛者の多くが抱える課題や生殖に関する部分も多く扱い，多数派の異性愛者の要求にもこたえるものとなっている。

おわりに

　日本の教育における今後の課題としては，ジェンダー平等や性教育促進のための法制度の整備にも努力しながら，「生物」ではヒトを生物学の対象として正面から取り上げ，性と生殖に関する科学的な説明がなされること，「保健体育」では，対等平等な人間関係や，多様な性，人権としての性を含めた説明が必要である。科学的，体系的に学ぶことは，多様な人間存在を認める基盤をつくり，性行動を慎重にさせるだろう。何よりも，性教育にあてる時間を増やし，その中身に，学生・生徒の知りたいことや意見を反映していくことが大切だといえる。

（橋本紀子）

第2章

性とジェンダーをめぐる日本の状況

1．若者の性行動

日本の若者の性行動の現状を知り，性へのイメージが「ポジティブ」な者の特徴を理解する。

「性交経験率」「性行動の「消極化」」「肯定的性イメージ」「性イメージの「ネガディブ化」」「性的関心」「性問題の会話の頻度」「性教育への評価」「自慰経験率」

性行動の「消極化」

　現在の日本の教育課程では，初経・精通を含めてからだの発育・発達を小学4年生の体育（保健分野）で，人が母体内で成長して生まれることを小学5年生の理科で，性機能の成熟とそれへの対応を中学1年生の保健体育科で，エイズを含む性感染症を中学3年生の保健体育科で，生殖に関する機能や結婚生活などを高校の保健体育科の保健で，学ぶことになっている。しかし，「受精に至る過程は取り扱わない」（小学校5年理科），「妊娠の経過は取り扱わない」（中学校1年保健体育科）という制約（いわゆる「はどめ規定」）が設けられている（文部科学省『学習指導要領』）。国際的な性教育の研究では，ユネスコの『国際セクシュアリティ教育ガイダンス』に代表されるように，性教育は性交経験率や性感染症・HIVの罹患率を上昇させないという結果も得られているが，事実上，日本の性教育には一定の制限が課されており，世界性科学学会（現・性の健康世界学会，WAS）の「性の権利宣言」（第1章参照）などでうたわれているような「包括的な性教育を受ける権利」を子どもたちに保障することの障害となっている。

　このように国際的な水準から見れば不十分な性教育のもとで，日本では，性知識が欠如している若者が増加している。表1のとおり，日本性教育協会

表1　性知識クイズの正答率の推移（％）

問題	膣外射精（外出し）は確実な避妊の方法である			排卵はいつも月経中におこる		
調査年	2005年	2011年	2017年	2005年	2011年	2017年
高校生男子	69.2	60.2	53.6	15.6	13.1	12.4
高校生女子	66.2	58.5	43.0	44.3	38.9	33.0
大学生男子	83.7	82.3	70.6	41.6	31.8	22.5
大学生女子	89.2	76.4	65.6	75.6	62.9	56.6

出典）日本性教育協会，第6～8回「青少年の性行動全国調査」。

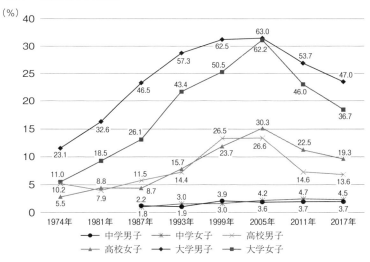

図1　性交経験率の推移

出典）日本性教育協会，第1～8回「青少年の性行動全国調査」。

が実施した「青少年の性行動全国調査」の2017年調査では，2005年調査や2011年調査に比べ，妊娠にかかわる以下の性知識クイズ（「膣外射精［外出し］は確実な避妊の方法である［正答：誤り］」，「排卵はいつも月経中におこる［正答：誤り］」）に，正解できた高校生や大学生の割合が低下している。

　また，同2011年調査が発表された際に特に注目を集めたのは，若者の「性行動の消極化」であった。図1のとおり，調査開始（1974年）から上昇傾向を示しつづけていた大学生・高校生の性交経験率は，2005年調査で大学生

男子・高校生男子が1999年調査からの横ばいとなり、2011年調査では高校生・大学生の男女とも2005年調査に比べ明らかな減少傾向が示され、2017年調査ではさらに減少が進んでいる。一方、中学生の性交経験率については、横ばい、もしくは、微増で推移しているものの、中学生の初交平均年齢は男女ともに2005年調査から2017年調査にかけて低下しつづけている（2005年→2011年→2017年各調査の順に、中学生男子は13.21→12.82→12.54、中学生女子は13.27→13.12→12.70）。つまり、一方では性行動の「消極化」が進行し、他方では性行動の「低年齢化」が進行しており、比較的早い年齢で性交を体験する若者と縁のない若者への分極化も進んでいるともいえるのが、現在の若者の性をめぐる状況である。不十分な水準の性教育のもとで性知識が欠如し、スキルもないまま比較的早い年齢での性交は、意図しない妊娠などの大きなトラブルを誘引する可能性が高まる。

性行動の「消極化」の背景

「低年齢化」の一方で進行する性行動の「消極化」の背景には、性をポジティブなイメージとして捉えられない者の増加があることが考えられる。性をポジティブなイメージとして捉えることをどのように定義し計測するかと

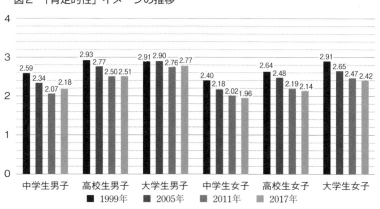

図2　「肯定的性」イメージの推移

出典）日本性教育協会、第5〜8回「青少年の性行動全国調査」。

24　パート1　世界と日本の〈性〉と性教育の現在

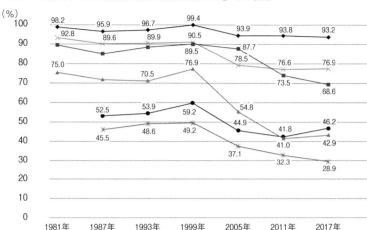

図3 「性的なことに関心を持ったことがある」率の推移

出典）日本性教育協会，第5～8回「青少年の性行動全国調査」。

いう点に関しては，さまざまな考え方があるだろうが，ここでは針原素子にならって（針原素子「性に対する否定的イメージの増加とその背景」『青少年の性行動はどう変わってきたか——全国調査にみる40年間』ミネルヴァ書房，2018年），以下のとおり見ていくことにする。

　同調査では，「性」とか「セックス」という言葉について，どのようなイメージをもっているかを「楽しい」「きれい」などの観点から4件法で尋ねている（「楽しい」の場合は，1楽しくない，2どちらかといえば楽しくない，3どちらかといえば楽しい，4楽しい，のいずれかを選択）。そのうち，「楽しい－楽しくない」と「きれい－きたない」という二つの回答の平均値の推移を示したのが図2である。ポイントが高ければ「肯定的イメージ」が高いわけだが，1999年調査から，男子は各学校種とも2011年調査まで，女子は各学校種とも調査年が新しくなるにつれ，「肯定的性イメージ」が低下する傾向にあり，性イメージの「ネガティブ化」が進行してきたことがわかる。

　そして，「肯定的性イメージ」の低下とともに，「性的なことへの関心を持ったことがある」者も減少している。図3のとおり，1999年調査までおお

第2章　性とジェンダーをめぐる日本の状況　　25

図4 (大学生) 友人との性の問題についての会話の頻度の推移

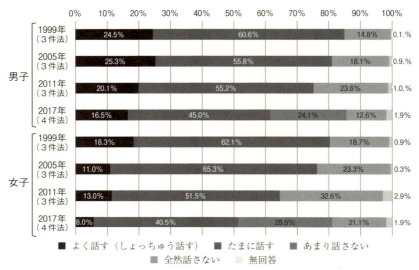

出典) 日本性教育協会, 第5～8回「青少年の性行動全国調査」。

図5 (大学生) 性教育への評価の推移

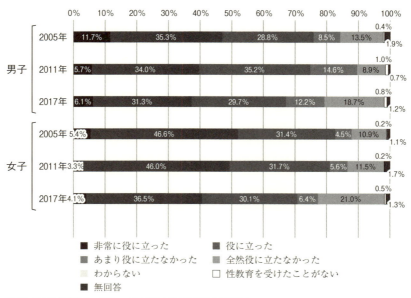

出典) 日本性教育協会, 第6～8回「青少年の性行動全国調査」。

むね横ばいだったのが，2005年調査から減少傾向を示し，特に大学生・高校生・中学生とも女子において，大きく減少が続いていることがわかる。くわえて，性的関心がないにもかかわらず性交経験があるという者が，全体から見れば少数であるものの，女子において一定数（2017年調査では，高校生女子の5.0%，大学生女子の4.8%）存在することも指摘されている。

　さらに，性的関心がないという者の増加とともに，友人と性に関して会話をする頻度も減少していると見られる。図4は大学生が友人と性の問題について会話する頻度の推移を示している。1999年調査と2005年調査の「しょっちゅう話す」が2011年調査から「よく話す」に選択肢が変更され，2017年調査では「あまり話さない」が加わって選択肢が4件法に変更されているため，比較には注意が必要だが，現在に近づくにつれ，性について友人と話さなくなっている傾向が読み取れるだろう。

　くわえて，性行動の「消極化」の背景には，性に対するポジティブなイメージを形成しにくい日本の性教育もあるだろう。図5は大学生の「学校の性教育に対する評価」の推移である。男女ともに，性教育が役に立った（「非常に役に立った」と「役に立った」の計）と肯定的に評価する者が減少傾向にあることがわかる。このように，性行動の「消極化」とともに，肯定的な性イメージをもつ者の減少，友人との性的な会話の頻度の減少，性教育への肯定的な評価の減少，特に女子において性的な関心がある者の減少などが進行している。

　性行動の「消極化」が指摘される一方で，一人で行うことができる性行動である自慰の経験率の推移を示したのが図6である。高校生男子と中学生男子が1999年調査から2011年調査にかけて，大学生女子が2005年調査から2011年調査にかけて低下しているものの，大学生男子・高校生女子・中学生女子はほぼ横ばいであり，大学生や高校生の性交経験率（図1）に比べれば，自慰の経験率の変動は小さいといえるだろう。つまり，性行動の「消極化」というのは，特に性交など相手が必要な性行動についての「消極化」であるといえる。

第2章　性とジェンダーをめぐる日本の状況　　27

図6 自慰の経験率の推移

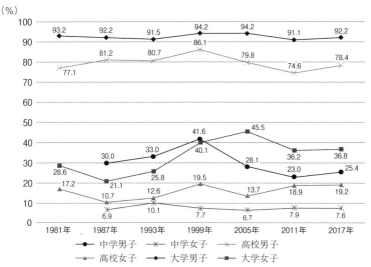

出典）日本性教育協会，第2〜8回「青少年の性行動全国調査」。

性を「ポジティブ」に捉える者の特徴

　では，性の「ネガティブ化」が進行してきた一方で，性を「ポジティブ」に捉えている者の特徴を明らかにするために，2017年調査の大学生を対象として，「肯定的性イメージ」が高い（3.5〜4）者と，低い（1〜1.5）者の性交経験，性的関心，性の問題についての会話の高頻度，性教育への高評価と低評価，自慰経験，（性交経験者のみ）初交の高評価，それぞれの割合を男女別に表2に示した。

　性を「ポジティブ」に捉えている者は，「ネガティブ」に捉える者より，性交経験，性的関心，性教育の高評価，自慰経験，初交の高評価，それぞれの割合が高いという特徴があることがわかるだろう。一方，大学生女子については性を「ポジティブ」に捉える者のほうが，性教育が「役に立たなかった」とする者が多い。これまでの学校における性教育が不十分だと感じる者も一定程度いることが伝わってくる分析結果である。ただし，この分析結果だけでは，性をポジティブに捉えるから性についての会話を友人としたり，

表2 （大学生）「肯定的性イメージ」高低別

	肯定的性イメージ	性交経験有	性的関心有	性教育高評価	性教育低評価	性の会話高頻度	自慰経験有	初交高評価
大学生男子	高(3.5-4.0)	64.6%	96.2%	39.6%	43.0%	77.2%	96.5%	84.0%
	低(1.0-1.5)	19.0%	78.9%	25.9%	51.7%	24.1%	67.3%	9.1%
大学生女子	高(3.5-4.0)	73.9%	94.2%	37.0%	54.3%	74.1%	67.9%	72.5%
	低(1.0-1.5)	15.6%	42.9%	34.6%	32.5%	35.6%	19.3%	18.9%

注）「性的関心 有」=「性的なことに関心を持ったことがある」率，「性教育 高評価」=学校における性教育が「非常に役に立った」と「役に立った」の計の率，「性教育 低評価」=学校における性教育が「あまり役に立たなかった」と「全然役に立たなかった」の計の率（選択肢に「わからない」や「性教育を受けたことはない」もあるため，高評価と低評価の計が100％にならない），「性の会話 高頻度」=友人と性の問題について「よく話す」と「たまに話す」の計の率，「初交 高評価」=性交経験者のうちはじめての性交を「経験してよかったと感じた」率。
出典）日本性教育協会，第8回「青少年の性行動全国調査」。

自慰経験や性交経験をもったりするようになるのか，あるいは，友人と性についての会話をしたり，自慰経験や性交経験をもったりすることによって性をポジティブに捉えるようになるのか，その因果関係まではわからない。ただ，そうであったとしても，単に若者の性行動の「消極化」だけが，あるいは単に性イメージの「ネガティブ」化だけが進行してきたのではなく，図1から図6で示したような，さまざまな要因と関連しあいながら，「消極化」や「ネガティブ化」が進行してきたことがわかるだろう。

(茂木輝順)

2. 性教育バッシング

目標　2000年度初頭の性教育バッシングの事実を知り，人権としての性教育の重要性を知る。

キーワード　「バッシング」「日本軍「慰安婦」」「ジェンダー・フリー」「選択的夫婦別姓」「自己決定権」

性教育バッシングとは

　「バッシング（bashing）」とは根拠のない過剰な非難・批判を意味し，性教育に向けられるものが性教育バッシングである。それは性的な言葉を口にするのが恥ずかしいとか，自分の子どもには性教育を受けさせたくないというような個人的な心情で性教育を避ける，批判するというものではない。

2000年代初頭の性教育バッシング

　堀川修平は，性教育のブームのたびにバッシングが起こってきたとし，1990年代，2000年代，2018年の3回について分析している（『「日本に性教育はなかった」と言う前に』柏書房，2023年）。

　とりわけ2000年代のバッシングは苛烈であり，その特徴は，第一に1996年の日本軍「慰安婦」の中学校教科書への掲載問題に始まり，「ジェンダー・フリー教育」，選択的夫婦別姓制度，性教育など，攻撃対象が多岐にわたっていた点にある。そして，カルト教団と癒着した政治家たちによるバッシングが国会を舞台に繰り返され，しかもその発言には誤りや意図的に曲解された事項が多く含まれていた。首相や大臣たちはその質問に示し合わせたかのように同調した返答をし，一部大手マスコミが検証なしにそれがあたかも真実であるかのように報道し扇動する，さらにその記事が国会質問の論拠とされた。このように，政府とマスコミがバッシング論者にジャックされたかのような状況であったのが第二の特徴である。

　性教育バッシングの内容は，性的自己決定とは妊娠中絶の自己決定を意味

し，性教育の進んでいる国では妊娠中絶の数が増えたり，性行動の低年齢化を促進させている（事実はその反対）というものであった。

　国会で地方自治体が名指しで批判されると，その自治体が作成した性教育の副読本が廃止に追い込まれたりした。さらに週刊誌等に「行き過ぎた性教育」と批判する記事が，学校名が推定できるように，しかも事実に反する内容で掲載されると，それをもとに教育委員会からその学校の校長に「問い合わせ」がなされ，そして校長から当該教員に「指導」がされて性教育ができなくなる，というかたちで各地の性教育実践はつぶされていった。

　また全国の学校に配布予定であった性教育の副読本『思春期のためのラブ＆ボディBook』はピルのメリットばかり指摘しているとの国会での批判により回収され（2002年），同年に施行された学習指導要領には，「受精に至る過程は取り扱わない」（小学校5年理科），「妊娠の経過は取り扱わない」（中学校1年保健体育科）とのいわゆる「はどめ規定」が記載され，「性交を教えてはならない」と教育現場で捉えられて今日にいたる。

都立七生養護学校への不当介入事件

　さらに，東京では知的障がい児学校である都立七生養護学校（現・七生特別支援学校）の事件が2003年に起こる。同校の教員たちは，保護者たちの熱い想いに支えられながら，障害と向きあい生きづらさを抱えた子どもたちの実態を大事にした独自の性教育実践を積み上げていた。たとえば，「頭，頭，頭の下に　首があって……」で始まる「からだうた」は，子どもたちが体の部位を知るだけではなく自分と向きあう大事な時間であった。また子宮と産道に見立てた大きな袋を教員が手づくりして，「命がうまれる」体験を子どもたちができるようにするなど工夫していた。それは，都の関係の研修会でも実践報告され，高く評価されていた。ところが，バッシング記事を掲載してきた産経新聞の記者と東京都議らが突然七生養護学校を訪れ，教員や保護者の声を聞かず，実際の授業を見ようともしないで教材を没収し批判的な報道をした。その後，多くの教員が強制異動させられ，性教育実践だけでなく，教育の本来的な自由や自主性が奪われた。その結果，他の特別支援学校も萎

縮して性教育が取り組みづらくなった。

これに対して，七生の教員と保護者たちは2005年に東京都と都教委，3都議，産経新聞社を提訴し（「こころとからだの学習」裁判），地裁・高裁での勝訴，2013年に最高裁が都側の上告棄却を決定したため勝訴が確定する。判決では，都教委らの行為は不当な支配にあたり，学習指導要領を超えた指導をしてもただちに違反とはならないと認定された。さらに，制裁的扱いは教員を萎縮させ性教育の発展を阻害するためすべきではなく，創意工夫を重ねながら実践実例が蓄積されることが必要であるという指摘がされ，その後の性教育実践を励ますことになる。

2018年バッシングと新たな動き

2018年に七生事件と同様の都教委による性教育バッシングが足立区の公立中学校に対して起こった。義務教育段階での性教育の大切さを痛感していた教師は，性教育研究に携わる大学教員たちと授業内容について検討を重ねながら授業を進めていた。また内容を共有していた校長や区の教育委員会も都教委からの「問い合わせ」に，「不適切な授業だとは考えていない」と答えた。さらに，七生事件の際の都知事はバッシング都議たちに同調したのに対して，今時の都知事は性教育の役割を認めている点で異なっていた。マスコミやSNSもこの性教育の必要性について好意的に取り上げ，逆にその後の新たな性教育「ブーム」につながっていくことになる。また近年では，新人教員たちの要求もあり，少しずつ性教育実践が再開されている。

性教育バッシングは，性教育によって人権について深く学ぶことへの攻撃であるといえる。性教育バッシングに抗して，あらゆる人がからだを含めた自分と自分の人生を自己決定できるようになる人権教育が重要である。

（井上惠美子）

3. 日本のジェンダー平等の現実

目標　国際的な視点から日本のジェンダー平等の現実を知り，その課題を考える。

キーワード　「女性差別撤廃条約」「ジェンダーギャップ指数（GGI）」

女性差別撤廃条約の批准と男女共同参画社会基本法成立

　1979年，国連総会で女性差別撤廃条約が採択されてからすでに45年，日本が本条約を批准してから40年が経過しようとしている。本条約の採択によって「出産における女子の役割が差別の根拠となるべきではなく，子の養育には男女及び社会全体が共に責任を負うこと」が確認され，「社会及び家庭における男性の伝統的役割を女性の役割とともに変更すること」が求められることになった。つまり，女性差別撤廃条約は，ジェンダー平等の実現を女性だけの問題とせず，男性の生き方にも変更を迫るものであった。日本においては，1985年に本条約を批准するにあたり，男女雇用機会均等法の制定，国籍法の変更，教育の分野では女子のみ必修であった高校家庭科の男女共修化などが進められ，男女平等実現への動きが進展していった。

　この女性差別撤廃条約の意義を国内法として具体化したものが，1999年に成立した男女共同参画社会基本法である。本法では，ジェンダー平等に関する国際的な動向に即し，性別による差別的扱いを否定する「男女の人権の尊重」，「社会制度・慣行が男女の社会における活動の選択に対して及ぼす影響を中立的なものとするよう配慮すること」，「国・地方公共団体または民間団体の政策・方針の立案および決定への男女共同参画」，「家庭生活における活動と他の活動の両立」をめざすことが明記された。

　しかし，「男女平等」ではなく「男女共同参画」という表現にとどまったという根本的な問題は，ジェンダー平等の推進に対する日本政府の消極的な姿勢を示すものである。実際，1999年に国連で採択された女性差別撤廃条

約選択議定書（以下，議定書）を，日本はいまだ批准していない。議定書は，女性差別撤廃条約をより実効性のあるものとするため，個人や集団が女性差別撤廃委員会（CEDAW）に直接訴えを申し立てることを認める個人通報制度と，CEDAWが人権侵害について調査する調査制度を規定するものであり，すでに115か国が批准している。この議定書の批准は，ジェンダー平等の実現により積極的に取り組む意思を示すものであるが，日本政府はそれを無視しつづけている。

　さらには，2000年代に入り，保守政党の右派，つまり政治家の一部がその主体となって，ジェンダー平等の進展に対する激しいバックラッシュが起こった。もちろん，男女共同参画社会基本法は国が制定した法律であるから，それにもとづく基本計画は5年おきに策定され，現在，2020年に閣議決定された第5次男女共同参画基本計画にもとづき施策が進められている。しかし，このバックラッシュによって，日本のジェンダー平等は，国際的に見て20年以上の大幅な遅れをとっている。

ジェンダーギャップ指数に見る日本のジェンダー平等の現実

　日本のジェンダー平等が一向に進展していないという事実は，世界経済フォーラム（WEF）が毎年公表しているGGI（ジェンダーギャップ指数）からも明らかである。GGIは，女性の地位を，経済，教育，政治，健康の4分野で分析し，各国内の男女格差を表す指標である。図7を見ると，2006年の80位（115か国中）から2024年の118位（146か国中）と順位は右肩下がりで，2023年には125位と過去最低を記録している。これは，日本におけるジェンダーギャップが拡大しているというよりも，日本のジェンダー平等の実現が国際的進展のスピードから大幅な遅れをとっているということである。特に，経済と政治分野において日本は男女格差が激しく，その結果この順位になっているといわれているが，教育分野の順位も決して高くはない。

　2024年の結果について各領域について具体的に見ると，健康に関しては，出生時の性比は1位となっているが，健康寿命の男女比が69位となっている。教育では，識字率の男女比，初等教育就学率・中等教育就学率男女比は

図7 ジェンダーギャップ指数（棒グラフ）と順位（折れ線グラフ）

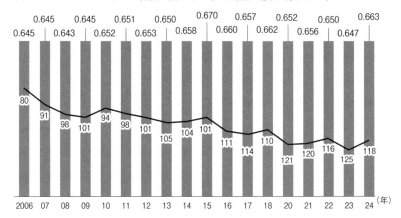

注）2018年までは各年版が公表されていたが、2019年12月に「2020年版」、2021年3月に「2021年版」が出されたため、年の数字は連続していない。

1.000で1位となっているが、高等教育就学率の男女比が0.976で105位となっており、大学以上の男女差が順位を引き下げる原因となっている。

経済領域では、労働参加率（81位）、同一労働における男女の賃金格差（75位）、推定勤労所得の男女比（100位）、管理的職業従事者の男女比（133位）のなかで最も格差が大きいのが管理職の男女比の0.148である。OECDが公表しているデータでも、2022年段階の日本の男女の賃金格差は、OECD諸国15か国中13位となっており、男性正規雇用者の平均賃金100に対して女性は78.7となっている（OECDの平均は88.4）。子どもをもっている場合、その子どもが小さいほど男女賃金格差はさらに広がり、60％以下にとどまることもある。管理職については、ILO（国際労働機関）が公表するデータ（2022年・2023年）では、世界主要国の女性管理職の比率は30～40％台であるのに対し、日本では、2024年の帝国データバンクの調査によると、全国の企業における女性管理職の割合は10.9％であり、はじめて10％台に乗ったとある。

最もランクの低い政治分野については、国会議員の比率（131位）、閣僚の男女比（128位）、過去50年間の行政の長の在任期間の男女比（80位）と、どの指標も0.1以下となっている。内閣府男女共同参画局のデータによると、2024年2月段階の衆議院における女性の占める割合は10.4％、参議院は26.7

％となっており，参議院の割合は伸びているが，諸外国の国会議員に占める女性の割合から見ると最低レベルである。女性閣僚の割合も同様で，国連女性機関が190か国を対象とした2023年の調査では，世界平均は22.8％であるが，日本は8.3％でG7のなかで最下位となっている。

国連女性差別撤廃委員会（CEDAW）の勧告（2024年）に見る日本のジェンダー平等の課題

国連女性差別撤廃委員会（CEDAW）は，女性差別撤廃条約（以下，条約）の実施条項に関する日本政府の第9回報告書『女子差別撤廃条約実施状況第9回報告（女子差別撤廃委員からの事前質問票への回答）』（2021年9月）をふまえた審査を，2024年10月に開催した。2024年10月30日に発表された先行版『第9回日本定期報告書に関する総括所見』（以下，総括所見）では，2016年，前回実施された審査以降の進捗として，女性のみに課されていた再婚禁止期間の廃止（2024年），明確な同意が成立しない性交を罰する「不同意性交罪」（2023年），性的同意年齢の13歳から16歳への引き上げ（2023年），「旧優生保護法に基づく優生手術等を受けた者に対する一時金の支給等に関する法律」（2024年）などが評価された。

一方で，CEDAWは，日本のジェンダー平等の課題として多くの懸念事項とそれに対する勧告を提示した。その第一にあげられているのが，先述した1999年に国連で採択された「女性差別撤廃条約選択議定書」（以下，議定書）を批准していないことである。

また，日本のジェンダー平等実現に向けた施策の大幅な遅れを指摘するとともに，「ジェンダー平等および女性の地位向上に関するすべての公共政策と戦略を調整する」ための，ジェンダー平等を扱う専門省を設立し，ジェンダー平等政策の実施を確実なものとするよう勧告している。

総括所見では，このほか約50項目にわたる勧告が示されている。ここでは，ジェンダー・セクシュアリティ平等にかかわる課題について，いくつか取り上げておこう。

選択的夫婦別姓　審査にあたっての日本政府による「女子差別撤廃条約第

9回日本政府報告代表団長冒頭ステートメント」（以下，ステートメント）において，日本政府は「幅広い国民の理解を得る必要」という理由で，選択的夫婦別姓制度の「検討を進める」としているが，政府が示す方針は，「旧姓の通称使用の拡大」となっている。これに対するCEDAWの勧告は，「結婚後も女性が旧姓を保持できるようにするため，夫婦の姓の選択に関する法律を改正すること」というように，婚姻制度の根本的な変更を求めている。

関連して，同性婚や事実婚が法的に認められるようにすることについても総括所見では取り上げられている。

女性の政治参加　GGIのなかでも最もランクが低い政治分野における課題に関して，2025年度までに衆議院・参議院議員の女性の割合を35％にするという目標を政党・政治団体の「自主的な取組」としているステートメントに対して，CEDAWは女性の政治参加を加速するための実効的な措置をとるよう強く求めている。具体的に，「意思決定機関における女性の平等な代表性を促進するための暫定的特別措置として，女性が国会議員に立候補するために必要な300万円の供託金を引き下げること」が勧告されている。

SRHRの強化　総括所見では，「健康」にかかわる課題として，「16歳と17歳の少女が緊急避妊薬にアクセスする際に親の同意が必要とされる要件をなくすことを含め，すべての女性と少女が緊急避妊薬を含む手頃な価格の現代的避妊方法への適切なアクセスを提供すること」が勧告されている。

また，人工妊娠中絶に関しては，いまだ存在する「堕胎罪」に対し，刑法と母体保護法を改正し，中絶を合法化するとともに，安全な中絶と中絶後の十分なサービスにアクセスできるようにすることが勧告されている。さらに中絶における配偶者同意要件の撤廃も求められている。

「慰安婦」　総括所見では，「「慰安婦」の権利への対処に係る締約国の取組を称賛する」としながらも，国際法上，「戦争犯罪及び人道に対する罪に時効はない」という原則を受け入れなければならないということを強調している。そのうえで，前回の勧告にも触れ，「被害者・生存者の権利に包括的に取り組むこと」，日本軍「慰安婦」に関する「国際人権法上の義務を効果的に実施するための取組を拡大・強化すること」が勧告されている。

第2章　性とジェンダーをめぐる日本の状況　　37

このほかにも，ジェンダーにもとづく暴力への対策，女性の貧困と雇用の格差の是正，性的マイノリティや少数民族の権利保護など，複合差別に対応するための包括的な政策が諸処で求められている。

　今回の総括所見で示された本条約の認知度向上，実施促進の努力が不十分であるという懸念は，2016年の総括所見においても示されている。そこでは，条約の国内法化，法的拘束力といった「法的地位」に問題があるとされ，その時点で，2003年の勧告が履行されていないという指摘がなされていた。条約の周知徹底と確実な実行という勧告を20年以上も無視しつづけている日本政府の本条約に対する根本的な姿勢が，日本のジェンダー平等の実現を大幅に遅らせている一つの要因だといわざるをえない。

（田代美江子）

コラム　女性差別撤廃条約

「女性差別撤廃条約」を知っていますか？　1979年の国連総会で採択，1981年に発効されたこの条約は「女性の憲法」とも呼ばれてきました。

「政府が条約を批准することは大事である。条約は時の政権によって中身を変えることができないから」との言葉を残した市川房枝などの尽力で，日本は1985年に批准。そして，条約締結国が約束を果たすための仕組みに，「女性差別撤廃委員会(CEDAW)」による定期的な勧告の発出があります。CEDAWは世界各国から集められた女性の権利の専門家23人で構成されています。2008年から委員を務めた林陽子さんは2015年，日本人初の委員長に就任。その後も日本からは秋月弘子さんが委員を務めるなどしています。

そして2024年，8年ぶりに日本への勧告が出るため，SRHRについての勧告をなんとしても出してほしかった私は，仲間とともにジュネーブにある国連本部に行ってきました。

「国連」というと，どんなイメージがあるでしょうか。

なんだか遠くて，大きくて，声なんて届かなそう。

しかし結論からいうと，以下のようにSRHRについても幅広い勧告が出て，私たちの声はかなり反映されたように思います。

・包括的性教育が政治的圧力なく行われること。
・緊急避妊薬を早急に薬局販売すること。
・中絶薬の確実なアクセスを可能にすること。

ほかにも，アイヌ，部落，沖縄，在日，移民，性的マイノリティ，障害をもつ女性など，女性のなかでもより弱い立場におかれる人たちも含め，すべての女性の差別がなくなることをめざす勧告が政治，教育，経済，健康などさまざまな分野で発出されました。

「近代的な国家，巨大な経済を有する国であることを考えると，非常に驚くべきことだ」——これは，オーストラリアの元民主党党首で現在CEDAW委員，今回SRHRに関する勧告を複数出してくださったナターシャさんが，中絶の配偶者同意要件について話したときに添えた言葉です。

みなさんにぜひ知ってほしいのは，私たちが求めているSRHR，そしてジェンダー平等は恥でもわがままでもなく「権利」だということ。そして，権利は空から降ってくるのではなく，一人ひとりの苦しみと，もうそんな思いをしたくない，させたくないという思い，言葉，行動の蓄積の結果つくりあげられていく，ということです。CEDAW勧告，委員の次は私たちがそのバトンを手に，ジェンダー平等な未来をつくっていきたいですね。

（福田和子）

パート2

性と健康・からだと生殖の権利

第3章

性の多様性の尊重

目標

性がどのように多様であるのか,および,性の多様性をめぐる権力構造を理解する。
性の多様性をめぐる社会的課題を理解し,性の多様性を尊重した社会をデザインすることができる。

キーワード

「性自認/ジェンダーアイデンティティ」「性的指向」「SOGIESC」「LGBTQ+」「特権」

1. 性は多様である

　ユネスコなどが発行した『国際セクシュアリティ教育ガイダンス』（以下,『ガイダンス』）の初版（2009年＝2017年,明石書店）に,「多様性は,セクシュアリティの基本である」と明記されている。私たちの性（セクシュアリティ）が多様であることは,近年,日本においても意識化されてきている。2015年以降,パートナーシップ制度をもつ地方自治体が増えていったり,2023年には「性的指向及びジェンダーアイデンティティの多様性に関する国民の理解の増進に関する法律（理解増進法）」が成立・施行されるなど,社会的状況も変化しつつある。

　まずは,私たちの性が多様であるということを理解するために,性を五つの要素に分解し,それらがどのように多様であるのかということを確認する。

性の構成要素

　性自認（ジェンダーアイデンティティ／性同一性）　この社会において過去・現在・未来,いずれの場でも,自分の性別はこれである／ない,この性別で生きている／生きていくといった深い実感のことである。先の理解増進法においては,「自己の属する性別についての認識に関するその同一性の有無又は程度に係る意識をいう」と定義されている。改訂版『ガイダンス』では「ジ

42　　パート2　性と健康・からだと生殖の権利

ェンダーに関する内面的および個人的な経験の深い感覚」と説明されている（221頁）。アイデンティティのカテゴリーとしては，「女性」「男性」「ノンバイナリー／Xジェンダー（どちらでもないなど）」などがある。

からだの性的特徴（セックス・キャラクタリスティックス）　人は主に胎児期に染色体上の遺伝子や細胞の受容体などの働きで性腺が卵巣や精巣などに，内性器が子宮・卵管・腟上部などや精巣上体・精管・精嚢などに，外性器が陰核（クリトリス）・陰唇・腟口などや陰茎（ペニス）・陰嚢などに分化して発達する。社会的にはその特徴から「女性」「男性」と判定するが，これらの形状は「女性」「男性」においても，個人においても非常に多様である（性染色体の組み合わせがXXなら女性，XYなら男性というのは非常に浅い理解であり，現在は遺伝子や受容体が性分化に影響し，それらの状況によって女性も男性も多様な身体的性的特徴をもつことがわかっている）。この身体の性的特徴によって割り当てられた性別やそれにもとづいて期待される生き方が性自認と一致する人もいれば，異なる人もいる。身体の性的特徴をホルモン療法や外科手術（性別適合手術）などの医学的アプローチによって性自認に適合させることもある。その際に必要となる診断名として「性同一性障害」が用いられてきたが，世界保健機関（WHO）の「国際疾病分類第11版」（2022年発効）において，これまでの「性同一性障害」は「精神及び行動の障害」の分類から除外され「性の健康に関する状態」としての「性別不合」の位置づけとなった。また，それにともなって日本精神神経学会・日本GI（性別不合）学会も2024年に治療のガイドラインを改訂した（「性別不合に関する診断と治療のガイドライン　第5版」2024年）。これにそった治療は基本的に18歳から可能となっている（18歳未満の者へのホルモン療法に関する特例あり）。

法律上の性別　日本では，出生時のからだの性的特徴（主に外性器形態や遺伝子）から判定された性別が出生届，戸籍の「続柄」に「長女」「二男」のようなかたちで男女二分法で登録される。2004年に施行された「性同一性障害者の性別の取扱いの特例に関する法律（特例法）」に則って，戸籍の性別を変更することができる。外国籍の人の場合はパスポート等の性別欄に記載されているものがあり，「男／女」以外の記載がある国や地域もある。

性別表現（ジェンダー・エクスプレッション）　ユネスコなど改訂版『ガイダンス』（2018年＝2020年，明石書店）によると，「たとえば，名前，服装，歩き方，話し方，コミュニケーションの仕方，社会的役割，一般的な振る舞いなどをとおして，自分自身のジェンダーを社会にどのように表現するかということ」と説明される。という。これが「女らしさ」や「男らしさ」といった社会的性別規範に当てはまるものもあれば当てはまらないものもあり，その度合いは個人や時どきによって異なる。

性的指向（セクシュアル・オリエンテーション）　性的欲求や恋愛感情が向く性別の方向性のことである。自己の性別（性自認）から見て異性や同性，男女の両性や性別を問わない場合や，もともと性的欲求や恋愛感情を他者に抱かない場合もある。また，性的欲求と恋愛感情を分け，前者に関するものをセクシュアル・オリエンテーション，後者をロマンティック・オリエンテーションということもある。

　性的指向，性自認，性別表現，身体の性的特徴の英語の頭文字をとって，SOGIESC（ソジエスク）と表記することもある。SOGIESCの多様性の尊重が求められる。

性のありようのカテゴリー

　上記の五つの要素のうち，法律上の性別以外は，互いに連動する（たとえば性自認が女であるならからだの性的特徴も女で，性別表現も社会的に女とされるもので，異性である男に恋愛感情を抱くというような）ものではなく，それぞれ独立したものである。そのため，さまざまな組み合わせが考えられる。それによって名づけられたカテゴリーをいくつか見ていく。

　出生時に登録された性別に標準的に期待されるものと同じ性別の現実（生活実態やからだとのかかわり，アイデンティティ）を生きている人を「シスジェンダー」といい，それとは異なる性別の現実を生きている人を「トランスジェンダー」という（周司あきら・高井ゆと里『トランスジェンダー入門』集英社，2023年）。出生時に男性／女性と登録されたが女性／男性として生きる人をトランス女性／トランス男性という。

　性自認から見て性的指向が異性に向く場合を「異性愛」（ヘテロセクシュア

ル），同性に向く場合を「同性愛」（ホモセクシュアル，主に女性はレズビアン，男性はゲイ），両性に向く場合は「両性愛」（バイセクシュアル），性別などを問わない場合は「全性愛」（パンセクシュアル），性的欲求を誰にももたない場合を「無性愛」（A［ア／エイ］セクシュアル）という。恋愛感情を他者にもたない場合は「A（ア／エイ）ロマンティック」という。

「埼玉県 多様性を尊重する共生社会づくりに関する調査報告書」（2021年）によると，シスジェンダーかつ異性愛である人は約97％で，それ以外の性的マイノリティ（性的少数者）は3.3％であった。トランスジェンダーだけを見ると全体の0.5％であった。

レズビアン，ゲイ，バイセクシュアル，トランスジェンダーと，自己のジェンダーやセクシュアリティのありようがわからなかったりカテゴライズしにくい場合などの「クエスチョニング」，または「変態」という意味で強い差別とともに使われてきたが，それをあえて積極的に用いて格差のある枠組み自体を批判する「クィア」の頭文字を並べ，「LGBTQ」と表記する。これは人権獲得運動のなかで互いの格差（たとえばジェンダー格差や同性愛とトランスの格差など）を解消しつつ連帯する際に用いられるようになった。これら以外にもさまざまなカテゴリーがあるため，「LGBTQ+」と表記することもある。これらの用語の省略形（たとえば「レズ」や「ホモ」）は，これまで差別の文脈で使われることが多かったため，他者が不用意に用いることには注意が必要である。また，多数派は「普通」や「ノーマル」という名ではなく「シスジェンダー」および「異性愛」という名があり，それも性の多様性の一部をなすものだという捉え方が重要である。

2. 性の多様性をめぐる発達課題と社会的困難

性自認にかかわること

私たちは生まれた瞬間からジェンダー・バイアスのかかった情報のシャワーをあらゆる場面で受けつづけて成長する。出生時（もしくは出生前）に性別

が判定され，それにそった期待が込められた名前が授けられ，衣装，おもちゃなどが用意され，養育の声がかけられる。

　私たちの多くが自己の性別を意識しはじめるのは幼少期であるが，周囲が認識し期待する性別に違和感がない子どももいれば，違和感をもつ子どももいる。それは期待される「らしさ」（性別表現）の部分だけではなく，存在そのものとしての性別（性自認）の部分もある。子どもの頃はそこがまだ判然としないこともある。個人差はあるが，性別違和をもちはじめるのは小学校入学前からであることが多い（中塚幹也『封じ込められた子ども，その心を聴く――性同一性障害の生徒に向き合う』ふくろう出版，2017年）。

　日常の多くの場に性別がかかわってくる現代社会において，周囲の認識や期待と自己の認識との乖離が大きいほど生活の困難も増してくる。思春期になりからだの成長・発達（からだつき，声変わり，発毛，月経，射精など）が見られると，性自認とは異なる性徴だった場合に，それらを受けとめることが難しく，自己の身体への嫌悪感，拒否感をもつことがある。

　トランスジェンダーのおとながどのように生き，生活しているかということは，社会のなかでは非常に見えにくい。性別移行して生活している人は社会のなかの性別規範に「埋没」していることが多いからである。カミングアウトすることが難しい社会において，人生のロールモデルが見えないことが，生きていくうえでの困難を生じさせる。

　社会的差別も強いなかでは，親や養育者，保護者などの家族や友達，教員に自身のことを語ることは，特に子ども期は非常に難しい。性自認や生活実態などの性別と書類上の性別が異なる場合，就職も難しく，貧困に陥ることもあることが指摘されている（認定NPO法人虹色ダイバーシティ「LGBTと職場環境に関するアンケート調査 niji VOICE 2020報告書」2020年）。いずれも社会的差別の解消が喫緊の課題である。

性的指向にかかわること

　小学校高学年から中高生の思春期の頃になると，他者への性的関心が高まることがある。相手が異性であれ同性であれ，おおむねこの時期に自己の性

的指向に気づくことが多い。ただし，自己の性的指向が意識化されるのは，多くが同性を好きになった場合や，誰にもそういった感情をもたないことに気づいた場合である。周囲が認識し期待する，または社会的に規範化されたものとは異なる感情であること，もしくは社会的に嘲笑，侮蔑され差別されているものであることに気づくことで，自己の感情を受容することが難しいと感じる場合もある。

　性的指向が少数派の場合，自己の生活圏内で同じような性的指向の人と出会うことは，特に子ども期においては難しい。差別が日常的に見えるなかで，親や養育者，保護者などの家族や友達，教員に自己のことを語ることも困難である。日常での家族や恋愛に関する会話では，異性愛が前提となっていることが多く，そのたびにごまかしたり嘘をついたりすることで，罪悪感をもったり自尊心が傷つけられたりすることもある。

いじめや自殺・自傷などの実態

　日高庸晴の2019年調査（日高庸晴『LGBTQ＋の健康レポート──誰にとっても心地よい医療を実装するために』医学書院，2024年。以下同様）によると（国内在住者1万769件を集計），10代の回答者（586人，約5.4％）において，学校生活（小・中・高）でいじめられたことがあると答えた人は47.4％で，特にMTF（トランス女性）においては100％を示している。

　同じく2016年の調査では，「ホモ・おかま・おとこおんな」などの言葉によるいじめ被害の経験率は回答者全体の63.8％で，特にゲイ男性（67.0％），バイセクシュアル男性（54.9％），MTF（76.9％），FTM（トランス男性，71.9％），MTX（出生時に男性だと割り当てられたXジェンダーの人，73.4％）が高い率を示している。また，服を脱がされるなどのいじめ被害経験率は全体の18.3％であるが，ゲイ男性（18.8％），バイセクシュアル男性（19.1％），MTF（25.6％），MTX（22.8％）が高率である。

　これらから，思春期の多くの時間を過ごし，人間関係を構築していく学校において，10代の性的マイノリティの約半数がいじめ被害を経験しており，特に出生時に男性に割り当てられた層のいじめ被害経験率が他の層と比較し

て高いことがわかる。社会的性別規範である「男らしさ」には当てはまらない言動をした「男子」が（本人の性的指向やジェンダーアイデンティティが多数派に当てはまったり，不明であったりしても）いじめの対象になりやすいということがうかがえる。

　認定NPO法人ReBitが実施したインターネット調査「LGBTQ子ども・若者調査2022」（有効回答2623名のうち，10代は23.5%）によると，自己の性的指向・性自認（SOGI）について「保護者に相談できない」と回答した人は全体の91.6%にのぼり，保護者との関係で生じた困難として「保護者からLGBTQではないことを前提とした言動があった」（66.0%），「保護者に自分のセクシュアリティを隠さないといけなかった」（49.7%），「保護者がLGBTQに否定的な言動をした」（47.2%），「保護者へセクシュアリティがバレてしまうことを不安に感じた」（46.5%），「保護者といることがしんどいと感じた」（40.7%）が比較的高率であることが示された。思春期の子ども・若者においては，保護者と離れて生活することは難しい。また，学校での「配慮」を求めるにしても，保護者の理解・了解がないために，相談のみにとどまったり，相談すらできないこともある。

　これらの経験の積み重ねによって，性別違和をもつ人においてジェンダークリニック受診以前に自殺念慮を経験した人は58.6%，自傷・自殺未遂を経験した人は28.4%，不登校を経験した人は29.4%，対人恐怖症などを含む不安症や鬱などの精神科合併症を経験した人は16.5%と，いずれも高率に見られる。自殺念慮をもつ年齢の最初のピークは思春期である中学生の頃で，第二のピークは社会的適応が求められる大学生・社会人になってからであるが，小学生の時期に自殺念慮が強くなった人が13.9%におよぶことにも注意が必要である（前掲『封じ込められた子ども，その心を聴く』）。

　一方，性的指向に関する日高の2005年調査によると，ゲイ・バイセクシュアル男性の65.9%が自殺を考えたことがあり，14.0%の人が自殺未遂を経験している（前掲『LGBTQ＋の健康レポート』）。このことは，厚生労働省による「令和３年度自殺対策に関する意識調査」（2021年）で，「自殺をしたいと思ったことがある」が27.2%であったのと比較すると，先述のトランスジェ

48　　パート２　性と健康・からだと生殖の権利

ンダー，およびゲイ・バイセクシュアル男性における自殺念慮率はかなり高いことがわかる。

日常における社会的困難

　この社会で多数派であり「普通」であるとくくられるシスジェンダーおよび異性愛の人だけが日常のなかでできること，ふだん何気なくできていること，安心して選択できることを考えてみよう。葛西真記子『心理支援者のためのLGBTQ+ハンドブック』（誠信書房，2023年）には，異性愛者だけがふだん何気なく安心して選択できることとして，「人前で恋人とスキンシップをしても，人から攻撃されたり，暴力を受けたりする心配をしなくていい」「自分のセクシュアリティのために家主から立ち退きを迫られたことはない」「もしパートナーが入院したときに，付き添えないかもしれないと心配したことはない」「パートナーが亡くなったときに，2人の財産を相続できないかもしれないと心配したことはない」「パートナーと2人で育てている子どもの親権が剝奪されるのではないかと心配することはない」「自分の性的指向をいつ知ったのかと聞かれたことはない」「医者やセラピストに，自分のセクシュアリティをカミングアウトすることを恐れたことはない」などが，また，シスジェンダーの人だけができることとして，「自分の性別がどう見られているかによる暴力やハラスメントを恐れずに公共のトイレが使用できる」「運転免許証や保険証に書かれている名前は，自分の性別や名前と一致している」「自分の性自認のために，家主から立ち退きを迫られたことはない」「本当の自分ではないような昔の写真を，人に見せることに躊躇がない」「自分とは関係ない他者の性別に関する不満や非難のターゲットにならなくてもいい」など，多くのことが書かれている。

　「普通」であるとされるシスジェンダーおよび異性愛の人々は上記にかかわる権利が保障されているということである。つまり，本来は普遍的な権利であるにもかかわらず，多数派の人々の「特権」となってしまっている状況にある。したがって，少数派である人にも同じだけの選択肢とそれを安心して選択できる環境を整えること，つまり平等が求められ，それは喫緊の課題

である。

「性的指向および性自認等により困難を抱えている当事者等に対する法整備のための全国連合会」（LGBT法連合会）が発表している「性的指向および性自認を理由とするわたしたちが社会で直面する困難のリスト（第3版）」(2019年)には，「子ども・教育」に関することが78項目，「就労【1．求職・就職活動】【2．規則・環境整備】【3．いじめ・ハラスメント・無理解】【4．カミングアウト・アウティング】【5．人事（配転・出向・キャリア関係）】【6．服務】【7．福利・厚生】【8．安全・衛生】」が111項目，「カップル・養育・死別・相続」が18項目，「医療【1．外来受診】【2．入院・手術】【3．家族・パートナー】」が43項目，「福祉」が20項目，「公共サービス・社会保障【1．行政手続き等】【2．相談・生活支援・保険・年金】【3．被災者支援】」が41項目，「民間サービス・メディア」が21項目，「刑事手続」が14項目，「その他（地域・コミュニティ）」8項目の，計354項目の困難がまとめられている。

シスジェンダーと異性愛を前提とした社会がつくりだしたこれらの困難をなくすことが，さまざまなSOGIESCを生きるすべての人がもつ人権の保障として早急に実現されなければならない。

3．社会の変化

こういった差別構造をなくしていくために，2000年代に入る頃から日本社会にも変化が見られるようになってきた。

2003年にはトランスジェンダーの人が戸籍の性別の取り扱いを変更できるようにした「特例法」が制定され，2022年末までに1万人以上の人が変更している。同法で定められた性別取り扱い変更のための要件も，2008年に一部改定され（現に子がいないこと→現に未成年の子がいないこと），また，2023年には最高裁判所大法廷が，特例法3条1項4号規定（生殖腺がないこと又は生殖腺の機能を永続的に欠く状態にあること：生殖不能要件）が憲法第13条（個人の尊重，幸福追求）に違反し無効であると決定した。これにより，国会は同法の

50　　パート2　性と健康・からだと生殖の権利

改定を迫られることとなった。

　日本では，戸籍の性別が同性の場合に婚姻できないため，そのようなカップルは法的相続権や配偶者控除，配偶者ビザ，子どもの共同親権，保険や年金における権利が保障されておらず，さまざまな場面で法律婚・事実婚（異性間）のカップルとの格差が存在している。こういった状況に対し，札幌，大阪，東京（2件），名古屋，福岡で，同性カップルらが国に損害賠償を求める訴訟を起こしている。2024年3月の札幌高等裁判所，同年10月の東京高等裁判所，および，同年12月の福岡高等裁判所では，現行の法律（民法等）は憲法13条，14条（法の下の平等），24条（婚姻の自由など）に違反しているという違憲判決を下している。

　このような格差がある状況において，地方自治体が可能な範囲で同性カップルやその子どもを法律婚の家族と同等に行政サービス等を提供していくための同性パートナーシップ制度やファミリーシップ制度を導入しはじめている。2015年に東京都の渋谷区と世田谷区が導入したことを皮切りに，2025年1月時点で少なくとも484自治体が導入しており，人口カバー率も90.3％となっている（公益社団法人Marriage For All Japan）。この制度導入によって，民法等で規定されている権利の保障はできないが，災害見舞金の支給などの防災・災害対策，犯罪被害者等の相談，身体障害者などに対する軽自動車税（種別割）の減免などの税や保険に関すること，心身障害者扶養共済制度などの福祉，産後ケア事業や保育園入園の申込みなどの子ども若者の教育に関すること，自治体運営の住宅への入居申請，住民票の続柄の記載（「縁故者」や「夫（未届）」「妻（未届）」等の記載）などが可能となる自治体もある（たとえば世田谷区では一覧表がWEB公開されている）。

　2019年に改正された「労働施策の総合的な推進並びに労働者の雇用の安定及び職業生活の充実等に関する法律」によって，職場におけるパワーハラスメントが定義され，事業主にパワーハラスメントの防止義務が課せられた（通称パワハラ防止法）。その際に「人格を否定するような言動を行う。相手の性的指向・性自認に関する侮辱的な言動を含む」や「労働者の性的指向・性自認や病歴，不妊治療等の機微な個人情報について，当該労働者の了解を得

ずに他の労働者に暴露する」こともパワーハラスメントに該当するものとして例示された（厚生労働省「職場におけるパワーハラスメント対策が事業主の義務になりました！」2022年）。

また，2023年には「理解増進法」が成立・施行され，国や地方公共団体，事業主，および学校の設置者に，性的指向およびジェンダーアイデンティティの多様性に関する国民の理解の増進に関する施策の策定，実施，協力が求められた。

2017年および2018年に改訂された学習指導要領では，性の多様性に関する記述はないものの，それにもとづいてつくられる教科書では，小学校，中学校，高等学校の保健（体育）だけでなく，社会（公民），国語，英語，美術，家庭，特別の教科道徳の教科書に，性の多様性やLGBTについて記載されるようになっている（ただし，義務教育段階においては，学習指導要領に示されていないものも記載しやすい「発展」や「章末資料」，脚注などに記載されていることが多い）。そしてその記載は教科書の改訂にともない増えている。

4. 性の多様性を尊重した社会をデザインするために

前述のように，性の多様性の包摂（インクルージョン）は各所で進められている一方で，その反動として，トランスジェンダーをはじめとしたLGBTQへのバッシングや，性の多様性を前提とした人権アプローチをとる包括的性教育へのバッシングも激しさを増している。

トランスジェンダーのなかでも特にトランス女性への差別を煽動する言説が，日本だけでなく，世界各地で起こっている。その多くがSNS等で，これまで「女性スペース」とされてきた場所に男性器の付いた人が入ってこれるようになって性暴力が増加するといってシスジェンダー女性たちの不安を煽るものである。しかしこれはトランスジェンダーの現実や社会の実情とはかけ離れたことを言い立てているものである。こういった排除言説の発信源は，もともとLGBTQの存在を嫌悪し，LGBTQの人権を保障することを含む性

教育に反対する立場の人々であることが多い。私たちはそういった情報に振り回されることなく，トランスジェンダーの人々のリアルな声を知ること，意識的に学ぶことが必要である。性暴力のリスクに多く晒されているのは，シスジェンダーおよびトランスジェンダーの女性たちである。これまでそれらの女性たちの声が軽んじられてきた問題でもある。この問題を根本的に解決するには，シスジェンダーおよびトランスジェンダーの男性たちが，なぜ性暴力の加害者のほとんどが男性なのかということを語り合わなければならない。

また，人権保障のために声をあげているLGBTQの人々に対し，「うるさくわがままや理不尽なことを言っている人」や「特別な権利をほしがっている人」だと批判をするものも見られる。しかし現実には，シスジェンダーかつ異性愛の多数派にあたる人々（この社会では「ふつう」と言われることが多い人々）が，ふだん何気なくできていることがLGBTQの人たちからは奪われている。必要なのは平等化であることは明らかである。

性の多様性を尊重した社会をデザインするためには，LGBTQの人々だけが声をあげるのではなく，この社会をつくり再生産してきたすべての私たちが，自分（たち）の問題として捉え，ともに声をあげ行動するアライ（味方，同盟，支援者）であることが求められる。性の多様性を尊重した社会を実現することは，自分の友人や同僚のためでもあり，自分の家族のためでもあり，したがって自分自身のためでもある。

本書では，「性の多様性の尊重」が章として位置づけられているが，このことは「特別」なトピックではなく，すべての章の基礎にならなければならない。それと同様に，「性の多様性の尊重」を基礎において社会をデザインしていかなければならない。

（渡辺大輔）

第4章

からだを知る

目標　からだの権利を保障するためからだの仕組みや月経・射精を理解し，自他の多様性や人権尊重の関係を紡ぐことができる。

キーワード　「からだの権利」「性器の大切さ」「性分化は多様」「月経のポジティブ理解」「射精の肯定」「セルフプレジャー（自慰(じい)）の肯定」

1．からだの権利

　包括的性教育（CSE）の指針となっている『国際セクシュアリティ教育ガイダンス』では以下のようにからだの権利を記載している。

　キーコンセプト4：暴力とそこから身を守ることで，学習目標（5〜8歳）として誰もが，自らのからだに誰が，どこに，どのようにふれることができるのかを決める権利をもっている。

　そのからだの権利の具体的内容には次の6点がある（浅井春夫・艮香織『からだの権利教育入門』子どもの未来社，2022年）。

①からだのそれぞれの器官・パーツの名前や機能について十分に学ぶことができる。
②誰もが自分のからだのどこを，どのようにふれるかを決めることができる。
③からだは自分だけの器官であり，誰かが勝手にさわることはゆるされない。
④からだが清潔に保たれて，ケガや病気になったときには治療を受けることができる。
⑤こころとからだに不安や心配があるときには，相談できるところがあり，サポートを受けることができる。
⑥⑤までのことが実現できてないときは，「やってください」「やめてください！」と主張することができる。

54　パート2　性と健康・からだと生殖の権利

このように幼児期からからだをよく知り，大切に扱い・扱われ，清潔にできて，いいタッチ・イヤなタッチがわかること，イヤなときは「ＮＯ」の自己決定ができて，それを尊重しあうことはからだの権利である。

　WHOの2022年2月「性的健康の再定義」では性の健康を以下のように定義している。

　　　性の健康は，生殖年齢期に限らず，思春期から高齢期まで人の一生に関わるもので，固定された状態ではなく，すべての人のニーズはライフコース全体で変化します。

　　　それは，自分自身や他の個人，家族や友人，そして私たちの経験を形成している社会的・文化的規範を含む私たちの住む社会との関係と安全性によって決まります。これらの関係は，それ自体，すべての人のセクシュアリティに関する人権が実現され，保護されているかどうかに左右されます。

　　　性の健康とは，性に関連した身体的，感情的，精神的，社会的な幸福の状態であり，単に病気や機能障害，病弱がないことではありません。

　WHOは「ヘルスプロモーション」を「すべての人びとがあらゆる生活舞台──労働・学習・余暇そして愛の場──で健康を享受することのできる公正な社会の創造」と提唱している。性の健康も万人の権利で，国や自治体，学校・企業社会は，それを保障する義務を負っているということである。

　しかし，体形や容姿の不安を煽る「ルッキズム」や「女は（男は）こうあるべき」というジェンダー規範の押しつけなど，からだの権利保障の障害は多くある。不安を煽られ，いまの自分を肯定できない状況はウェルビーイングな状態ではない。人間関係も含み，自分を意識的に取り繕う必要のない「自分のままでいい安心の社会的居場所」がからだの権利保障の基盤となる。

　からだの権利でいうと，性器は大切な器官である。にもかかわらず，それについて知る権利は保障されてこなかった。「性への恥らい」などネガティブ・イメージによって，タブー視されてきた。特に女性の場合，その構造上から見ることもほとんどなく，トイレなどで直接さわることも少ないうえに，

第４章　からだを知る　　**55**

ジェンダー・バイアスともいえる「女性は性に無知で控えめであるべき」という刷りこみで，なんだかよくわからない，からだのなかで最も「遠い」器官となってしまうことが多い。しかし，それも育ちのなかで，性に対するポジティブな体験があれば違ってくる。次の大学生のコメントからは性を肯定的に捉える重要性がよくわかる。

　　　私は性に関しては汚いとかやらしいとか思いません。……多分，性に対して親が喜んでくれたからだと思います。月経が始まったときも性毛がはえはじめたときなども，母親が「おとなになるんだよ」と喜んでくれたので……（関口久志『改訂　性の"幸せ"ガイド』エイデル研究所，2021年）。

　性器については性別によってまったく違うように思われているが，受精卵は受精後7週目までは性腺原基（両性に発育できる共通器官）であったものが8週を過ぎる頃から分化したものである。相同関係にあったものは，精巣と卵巣，ペニス尿道海綿体（陰茎尿道を含む）と小陰唇，陰嚢と陰茎の腹側表と大陰唇，ペニス亀頭とクリトリス，前立腺と傍尿道腺，カウパー腺とバルトリン腺などである。性器も含めもともと共通性があり，からだの分化も実に多様である（「からだの性的特徴」43頁参照）。

　性器は感覚神経が集中しており，大切に扱えばここちよさを体験できる。しかし，傷つきやすい粘膜部分が多い器官のため，手荒く扱うと逆に大きな苦痛となり，心身ともに深い痛みをもたらす。このことはセルフプレジャー（自慰）や，セックスの場合も心得ておきたい。

　性器も多様で色・形・大きさなどは個人差がある。女性は乳輪や外性器の色，乳房の大きさ，男性はペニスの大きさや包茎で，また男女ともに性毛（量や生える場所など）についてもコンプレックスを抱くことがある。こうした違いの多くは顔や身長が違うように個人差の範疇である。

　男女の性毛，女性の乳房，乳輪，小陰唇，男性のペニスも多様で，大小，左右差，形，色，など千差万別で，その違いに優劣はない。

　特に男性は，性器が露出して，集団入浴時など比較しやすいため，こだわ

図1　性器の概略

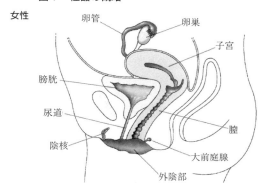

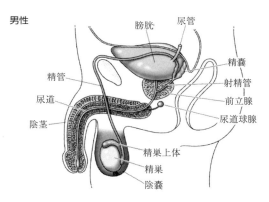

出典）年森清隆・川内博人・若山友彦・松村謙臣『人体の正常構造と機能　Ⅵ生殖器改訂第5版』日本医事新報社，2025年，4頁。

りが強くなる傾向がある。しかし，ペニスの大きさは医学的には勃起時に5センチもあれば何ら問題はない（ただし小指の先ほどしかなく勃起，射精しないときは泌尿器科に診てもらう必要がある）。包茎もほとんどの場合は手術の必要などなく，手でペニスの先の亀頭が露出できれば，きつくてもこれを何度も繰り返すうちに包皮が伸びるのでほとんど心配はいらない。

しかし、からだを優劣で分け不安を煽るような情報はあふれており，関連したトラブルも多い。この点で気をつけたいのは，包茎手術や豊胸・小陰唇切除手術広告などの多くが泌尿器科や婦人科の専門医院ではなくルッキズム

第4章　からだを知る　　57

を煽る「美容整形」医院によるということである。

　性器については尿や糞の排泄孔と近かったり共有（ペニスの場合）したりしているため，不潔感から忌避につながる場合がある。これは人間も含む脊椎動物においては，体内の生殖細胞や胎児（卵も）の体外への通り道となる管が必要になるために排出系器官が流用されているからである。よくできたシステムであり，尿や糞を不潔と決めつける偏見とともに払拭しておきたい。

2．月経

　　生理があるたびに（といっても，今までに三度あったきりですけど）面倒くさいし，不愉快だし，鬱陶しいのにもかかわらず，甘美なひみつを持っているような気がします。ある意味で厄介なことでしかないのに，そのつど，その内なる秘密がふたたび味わえるのを待ち望むというのも，たぶんそのためにほかなりません（『アンネの日記』深町眞理子訳，文藝春秋，1986年）。

　これは隠れ家生活を余儀なくされていたアンネ・フランクの日記からの抜粋である。平和の"象徴"としてのアンネではなく，自らのからだを愛おしみ，他者との関係性に葛藤を抱えている思春期の等身大の姿が垣間見える。同時にこうした生命が根こそぎ奪われるのが戦争であることに，あらためて気づかされる。日本で最初の月経用品（紙ナプキン）の商品名はアンネであった。これは冒頭のアンネ・フランクのように月経を肯定的に捉えられる女性が増えるようにと創業者が願って名づけられた。ところでアンネのように自らに起きる生理現象を肯定的に捉えられている人はどれくらいいるのだろうか。

　「ほぼ毎月に1回きて，わずらわしくって，面倒，おまけに痛い（個人差あり）ことも……」（前掲『改訂　性の"幸せ"ガイド』）というネガティブな評価になるのもわかる。個人差が大きいが，月経は8〜18歳から始まり（はじめての月経を初経という），50歳前後で終わる（閉経）。つまり40年近くつきあうことになる生理現象である。よって月経のメカニズムや，月経周期にともなう

自らの心身の特徴，そしてセルフケアについて知識とスキルを学ぶことは，ウェルビーングにかかわる重要な権利である。

　まず月経のメカニズムについて説明しておこう。月経は一定の周期で繰り返される子宮内膜の排出をいう。月経は卵巣から分泌されるエストロゲンとプロゲステロンによって引き起こされる。視床下部の下垂体から二つのホルモンが排出され，その影響で卵巣ではエストロゲン，プロゲステロンが分泌され，卵子がつくられる。卵巣から排出（排卵）された卵子は卵管を通って子宮まで運ばれる。それに合わせて子宮内膜が厚くなり，一定期間を経ると子宮内膜は膣口から排出される（図2）。

　経血量はおよそ100〜120mlであり，月経持続期間3〜7日の間で排出される経血量は異なる。これが平均25〜38日の周期で繰り返される。「月経周期」という場合，月経開始日から次の月経開始までの期間をいう。

　続けてセルフケアを紹介する。一つの方法としては，基礎体温を測定することがあげられる。基礎体温の測定には通常の体温計とは違う目盛がより細かい基礎体温計を使用する。起床後寝たままの状態で舌下で，おおよそ決まった時間に毎日測定する。通常では図2のように排卵期の前後で2層に分かれる（高温期と低温期）。基礎体温の記録とともに月経周期によって心身がどのように変化するかを記録（月経記録）しておくと，自分の状態を知ることができる。最近ではデータを記録できるデジタル式の基礎体温計が販売されているので薬局で探してみるのもよいだろう。これ以外にも排卵されているかを確認する商品がある。薬局で販売されているキット（尿によって確認するタイプのもの）や，最近ではおりものシートで排卵を確認できる。

　そして月経用品にはさまざまな種類がある。経血を（吸収ポリマーで）受けとめる月経用の紙ナプキンがある。経血量によるサイズがあり，むれやかぶれ，匂いなどに対応するように開発されたものもある。また，ナプキンがずれることで経血がもれることのないように，中央部分に粘着テープのついた「はね」付きのタイプもある。紙タイプのナプキンは2〜3時間くらいを目途に取り換えるとよい。むれやかぶれ，冷え対策や，地球環境等を考慮した布ナプキンもある。これは手洗いによって繰り返し使用する。

図2 月経のメカニズム

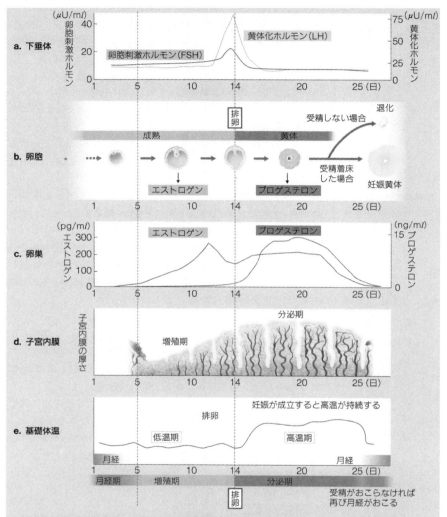

a. 下垂体：卵胞期にはFSHの分泌が主体で，排卵時にLHサージがおこり黄体期へのシグナルを出す。
b. 卵胞および c. 卵巣：卵胞期にはFSHにより卵胞が発育してエストロゲンを分泌し，黄体期にはプロゲステロンの分泌が中心となる。
d. 子宮内膜：卵胞期には子宮内膜はエストロゲンの作用で増殖する（増殖期）。黄体期にはプロゲステロンの作用で分泌期となる。
e. 基礎体温：黄体期にはプロゲステロンの作用で高温期となる。

出典）堤治「女性のライフサイクルにおける形態・機能の変化」（森恵美ほか『母性看護学概論（第14版）』医学書院，2011年，109頁）。

ナプキンタイプではなく，タンポンもある。これはプラスチックのアプリケーターによって固定し，経血を吸収する吸収体を膣に入れ，取り出す時はひもを引く。自分のからだの構造をつかむことでスムーズに行えるようになる。月経期間中でもプールや温泉等に入ることができる。タンポンとナプキンを併用したり，むれやかぶれ予防もかねてタンポンを使用することもある。また，最近では膣内に挿入して経血をためる月経カップや，パンツタイプで経血を吸収する商品も販売されている。

　こうした月経用品の選択には，経済面が切り離せない問題として横たわっている。近年，「生理の貧困」問題が話題となった。これはイギリスで始まった生理用品の税金撤廃に向けたソーシャルメディアを使った署名活動から広がった。日本でもユースを中心としたオンライン署名が始まり，内閣府男女共同参画局が出した『女性活躍・男女共同参画の重点方針2021』の「重点方針」でも『「生理の貧困」への支援』があげられている。

　月経は「健康のバロメーター」といわれることがあるように，心身の影響を受けることも多い。基礎体温が安定していなかったり，以下のような月経異常は健康の危機を知らせているともいえる。これらの症状がある場合は，婦人科の受診をおすすめする。

・16歳になっても初経がこない。
・1回の月経が8日以上続く。
・1回の月経が2日以内で終わってしまう。
・月経周期が39日以上。
・月経周期が24日以内。
・出血量が異常に多い。
・月経かどうかわからないほど出血量が少ない。
・日常生活に支障が出るほど月経痛がひどい。
・PMS（月経前症候群）＝月経前3〜10日の間続く精神的あるいは身体的症状で，月経が始まるとともに減退ないし消失するもの（日本産科婦人科学会）。精神神経症状として情緒不安定，抑うつ，不安，睡眠障害，自律神経症状としてのぼせ，食欲不振・過食，めまい，倦怠感，身体的症状として頭痛，腹

痛，腰痛，むくみ，お腹の張り，乳房の張りなど。特に強い月経痛や腰痛，吐き気などをもたらす月経困難症は，生活の質低下をもたらす健康問題である。

ひどい痛みのある女子大学生のコメントを紹介するので参考にしてほしい。
　　お腹は縮まっていくようなキューンという痛み。頭は殴られているようだ。腰は骨が折れるようだ（前掲『改訂　性の"幸せ"ガイド』）。

月経随伴症状（月経に随伴して起こるさまざまな症状）の改善に向けてのセルフケアとして，まずはからだ（特に腹部）を温め，しめつけることは避けたい。また低用量ピルは避妊だけでなく月経痛にも有効である。そのほかにも鎮痛剤や漢方薬の飲用，ツボ押し，エッセンシャルオイルの活用等があげられる。自分にあった方法を探し，チャレンジできるとよい。

月経は「健康のバロメーター」と表現される一方で，出生時に割り当てられた性別に違和を感じるトランスジェンダー（広義）の場合は，月経を肯定的に受けとめることが困難なことが多い。また，性分化疾患（DSDs）のなかにはさまざまな身体の状態で生まれ，無月経の場合もある。しかし，学校や家庭，社会教育において月経が権利保障として取り組まれてきたかといえば反省すべき点は多い。子宮内膜を「赤ちゃんのベッド」と表現することもこれにかかわるが，月経は生殖機能ではあるが，生殖には男性も同様の関与があるにもかかわらず，女性の役割ばかりが強調されてきたのではないか。「セクシュアル・リプロダクティブ・ヘルス／ライツ（SRHR）」の理念をベースに，誰もが保障されるための学習内容や表現とはどのようなものかが問われている。

3．射精

第2章1節でも紹介された，日本性教育協会「青少年の性行動全国調査」の2017年調査によると，設問「精液がたまりすぎると，からだに悪い影響がある」（正解×）の正答率が，大学生女子11.7％，同男子40.2％で，総じて

悪く，特に女子では低率である。

　これには「三日で精液は満杯になるから男子の性欲は抑えがたい」などの俗説や無知の影響がある。しかし精液は，尿と違って排出されなくとも体内で分解吸収されるので何ら悪影響はない。射精の理解が進んでいないのは，男性の性の学習がほとんどなされないことによる。射精を含め男性の性については，教育でおろそかにされ，メディアや友人間の享楽的な情報によって「学ぶ」というより覚えるしかないため，誤解や偏見，また嫌悪にもつながりやすい。

　それでは射精について説明しておこう。射精は男性器のペニスから精子が混じった精液を放出することである。小学校高学年から中学生の思春期頃になると視床下部から脳下垂体にホルモンが送られ，それが陰嚢のなかの精巣に届くと性器の発育や二次性徴を促す男性ホルモン（アンドロゲン）を分泌するようになり，精子もつくられるようになる。射精のとき，精巣でつくられた精子は精巣上体にたくわえられ，精管，射精管から，ペニス（陰茎）のなかの尿道を経て，途中で精嚢，前立腺，尿道球腺（カウパー腺）の精液成分と混じって体外に排出される（はじめての射精は精通という）。ペニス（陰茎）は，交接器でもあるし尿も排出する。射精機能は高齢化とともに衰えるが，個人差がある。また女性の閉経のような明確な区切りはない。

　魚類の多くはペニスをもたず，水中で卵に精子を吹きかけるため，その射精は「放精」という。これに対し，人間などほ乳類の多くは，精液が空気に触れて乾燥して不活性化することを防ぐため，オスの生殖器からメスの生殖器へ直接とどける仕組みになっている。

　人間の射精の多くは性的な刺激に対する反射であり，意図的に射精をもたらす行為としては「セルフプレジャー（自慰）」や「性交（セックス）」がある。ほかに意図せずに射精することもあり，睡眠中に起こる場合は「夢精」，起きているときは「遺精」と呼ばれる。そのどれもが個人差はあるが多くの場合強い快感をともなう。この快感とともに射精は自分の意思で行えるなど，男性の性への関心や積極性を生む要因ともなっている。しかし，その快感に後ろめたさを感じる場合もあり，のちに述べるセルフプレジャー（自慰）な

ど自らの性をネガティブに捉える男性もいる。

「自慰」は，マスターベーション，オナニーともいわれるが，マスターベーションには「自ら汚す」，オナニーには「キリスト教における，死んだ兄の代わりの子作りを拒否し膣外射精したオナンの罪」のように，語源にはマイナスイメージがある。そのためむしろ自分で自分のからだを愛し，性的緊張と欲求を解き放つ大切な行為として「セルフプレジャー」が，メディアなどでも一般化しつつある。

セルフプレジャー（自慰）については，まだ誤解と偏見があとをたたない。「身長が伸びない」「回数が多すぎるとバカになる」「一生の間に出る量が決まっていて，打ち止めになる」「猿といっしょでやめられなかったら死ぬ」「テクノブレイク（セルフプレジャーが原因の死亡）」などだが，これらがネガティブなイメージを増殖している。また女性のセルフプレジャーはタブー視されがちである。しかし，これらはすべて間違いである。病的な依存症などを除き回数は関係なく，それが多くても問題はない。むしろ性欲のコントロールという意味で，自分のからだを知るうえでも大切な行為といってよいだろう。ただ性は究極のプライバシーだから，それが守られる時間や環境をつくり，後始末のことも含め，身のまわりのことは自分でして，清潔にできるようにする必要がある。また人前で見せたり，他者に強要したりすることは，犯罪ともなる人権侵害である。

セルフプレジャー（自慰）との関連で指摘しておきたいのが，「膣内射精障害」である。それは，性交を行った際に，男性が女性の膣内で射精することが困難になる症状で，「無（乏）精子症」「精子無力症」などとともに男性の不妊原因ともなっている。セルフプレジャー（自慰）のときに性器への握力が強すぎたり，床やシーツにこすりつけるような方法を用いたりしたことで，膣の圧力や刺激では，射精できなくなることによる。またネット配信などのアダルト映像の過激でワンパターンの刺激によるセルフプレジャー（自慰）に慣れて，生身の女性の多様で微妙な反応に適応できない場合もある。だからセルフプレジャー（自慰）においても，性器にもこころにもやさしい刺激が求められる。ある男子学生はいう。

自分はまさしく射精障害です。途中で萎えてしまうのです。おそ
らくは自慰での手の握りが強すぎると思うのです。授業を聞いて，
射精に固執しすぎず，別の気持ちよさを見つけるべきだと思います
（前掲『性の“幸せ”ガイド』）。

　最後に性交と射精の関係であるが，性交には必ずしも射精が必要ではない。
カップルの性行為は，膣やアナルへのペニスの挿入以外に多様な方法がある。
性交は相手を予期せぬ妊娠，性感染症，暴力などのトラブルに巻きこんでし
まうことがある。だから互いの性に関する安全のための確かな知識と対等な
合意が必要である。話題となった『射精責任』では以下のように射精を解説
している。

　　セックスをするから望まない妊娠をするのではありません。望まな
い妊娠は，男性が無責任に射精をした場合にのみ起きるのです。……
彼とパートナーが妊娠を望んでいないというのに，男性が精子を女性
のヴァギナに放出した場合にのみ，起きる。これに対する予防は，男
性にとって難しくありません（ガブリエル・ブレア『射精責任』村井理子訳，
太田出版，2023年）。

　性行為で重要なことは，どちらか一方の満足ではなく相互の満足と安全で
ある。したがって，性行為は性器性交（性器接触のあるセックス）のみではなく，
また男性にとっても射精が唯一無二の快感・満足で，それで「フィニッシ
ュ」というものでもない。むしろ性器性交による射精は，多様な楽しみや快
感・満足の一つにすぎない。アダルトコンテンツなどの享楽的な性情報がも
たらす性器性交・射精至上主義から解放されるべきである。

（関口久志・艮　香織）

第5章

性的欲求と性的同意

目標　人間の性行為を本能ではなく，社会文化的なこととして理解し，性的同意を理解し，ウェルビーイングな人間関係をつくることができるようになる。

キーワード　「性は文化」「性的関心」「孤立無縁化」「性的自立」「性的同意」「恋愛至上主義」「性器性交」

1．性は本能か

　人間の性行為の目的は「生殖」「コミュニケーション（連帯性）」「快楽（ここちよさ）」という多様な面をもち，合意と信頼にもとづいて安全になされるなら，相互満足をもたらす，とっておきのウェルビーイングな行為となる。だがその行為は、「支配・暴力・搾取」のためになされるという負の側面ももつ。

　「3大本能」として「食欲」「睡眠欲」「性欲」とたとえられるときには，ほかの動物にも共通する「いのちの生産＝生殖」を強調する傾向にある。そして，「本能」をいいわけに「性欲は抑えがたい」「下半身に人格はない」などと，自己中心的な性行動への免罪符に都合よく使われたりする。

　しかし人間の場合，異性間でさえ，生殖のためだけに性行為をする人はまれであろう。性行為はむしろ「本能」というより「文化」である。だから，文化として歴史上も地理的にも画一でなく多種多様な性愛行為があり，第3章の「性は多様である」で紹介されているような多様性がある。そもそも性行為は，それをしなくとも食や睡眠と違って死や病につながることはない。実際に性行為抜きの「友情結婚」を選ぶカップルもいる。

　人間の性は「本能」というより社会・文化のなかで形成される「性的欲求」であり，それはセルフプレジャー（自慰）のように自己で充足すること

もできる行動への動機づけと捉えるべきである。

　性的欲求をもつことや性衝動を覚えることは，何ら問題はない。しかし，その後の性行動については，自他の人権を尊重してコントロールできることが重要になる。人間の場合は，性行動を自他の安全や社会性に適合するようにコントロールすることで，よりここちよい関係性をつくるポジティブな文化を創造し獲得してきたのである。

　しかし，同時に性行動には既述したとおり負の側面もある。それを克服するためには自他の「からだの権利」である性的自己決定権を保障しあう「性的同意」が不可欠で，それを欠いてはウェルビーイングな関係は築けない。

2．性を人権としてより大切にするために

性の権利としての性的同意の重要性

　大学の授業で次のような匿名の質問カードをもらったことがある。

　「一度断ったとき，「できないなら無理」とふられてしまい，それからそのようなことがトラウマです」(性別不明)。

　これに対して「あなたは何も悪くない。むしろあなたの自己決定権とバウンダリー(境界線)を尊重せず，性的合意・同意ができるまで待てない相手からの権利侵害とも言えます。むしろそんな相手なら別れられてよかったでしょう。トラウマがあるなら相談機関を紹介します」と回答した。と同時に，もっと早く小中高で包括的性教育(CSE)を学んでいれば，こんな悩みを抱えずにすんだのに，と詫びる気持ちにもなった。CSEは，人権をベースに互いを尊重し，よりよい人間関係を築くことをめざす教育である。それは子どもや若者たちに性の健康とウェルビーイングな関係を実現するためのエンパワーメントでもある。

　第4章「からだを知る」でも示したが，CSEの学習指針である『国際セクシュアリティ教育ガイダンス』では「誰もが，自らのからだに誰が，どこに，どのようにふれることができるのかを決める権利を持っている」と理解する

ことが5〜8歳のキーアイデアとしてあげられている。

　上から目線によって善悪を決めつけ言動を制限する道徳的指導ではなく，幼児期からイエス・ノーの境界線を主張する性的自己決定権を保障し励ますことが求められている。しかし，日本ではCSEの普及は一部を除き遅れ，性を「恥ずかしい」「汚い」ものとして，「寝た子を起こすな」と，子ども若者たちを性的自立から遠ざけるような指導が行われてきた。その原因は，子ども・若者たちを「権利の主体」として見るより「管理の対象」として捉えているためである。管理道徳的指導で正確な知識を制限されると，性的行為についての安全な方法を知らず性被害やトラブルに遭いやすくなる。また被害・トラブルに遭っても，避けられなかった自分を責め，適切な相談・支援を受けることができにくくなる。ほかにも性行為すべてをネガティブに考えて，後述するように性的関係を嫌悪し逃避することにもつながりかねない。

　子ども期から自らの「からだの権利」を科学的に理解し，尊重された経験が，思春期以降のウェルビーイングな性的関係の基盤となるのである。

性的同意，学びの必要性

　人間の性行為の目的は既述したとおりウェルビーイングな面と負の側面「支配・暴力・搾取」に分かれる。性的自立に向かうためにはウェルビーイングをめざし，負の側面を避ける学習がいる。ただウェルビーイングな状態は多様で，「性行為に興味がない」，「したくない」という人もいる。多様性を理解したうえで，よりよい関係を築く性行為とはどのようなものだろうか。

　内閣府の「男女間における暴力に関する調査」（2023年度）によると，独身者で不同意性交等の被害経験がある人（140人）に，加害者との関係を聞いたところ，「交際相手」と「元交際相手」がそれぞれ16.4％で最も多く，次いで「職場・アルバイト先の関係者（上司，同僚，部下，取引先の相手など）」（10.0％），「配偶者（事実婚や別居中を含む）」（8.6％），「通っていた（いる）学校・大学の生徒・学生など」（8.6％）となっている。

　性別に見ると，女性・男性ともに「交際相手」（女性16.2％，男性20.0％）と「元交際相手」（女性16.2％，男性20.0％）となっている。まったく知らない人は

男女とも10%にすぎない。

　データから若者の性暴力は，知人間で，特に親密な恋人間（デートDVの一種）で多く起きることがわかる。そのため人間関係、とりわけ恋愛についての学びが重要だといえる。恋愛至上主義や交際とセックスの不可分一体化を乗り越えるため「恋愛に絶対的な価値はなく人間関係の一つにすぎない」，「また交際しても性行為なしで十分満足できる」というメッセージが大切だろう。

　そのうえで，性行為をする場合は互いの心からの「合意・同意」が絶対的に必要で，性行為の意味や結果を十分に理解できている知識の裏づけと互いのバウンダリー（限界）を尊重しあえる信頼がなければならない。性的同意と性行為は以下のような関係にある。

　①（対等平等に合意納得し同意した）相手と，②（対等平等に合意納得し同意した）ときに，③（対等平等に合意納得し同意した）場所で，④（対等平等に合意納得し同意した）方法で，行う（なお④の方法のなかには、ノーセックスや性器接触や挿入なしのセックス、避妊、性感染症予防などあらゆる選択が入る）。

　この条件を一つでも満たさない性行動はからだの権利侵害の暴力となる。

　さらに「性的同意」確認のポイントとしては以下の４点がある。

①非強制性：Noといえる環境が整っているか。申し込まれた者が躊躇なくイヤといえる。イヤといえない環境で同意はない。

②対等性：お互いの立場が対等であるか。おとなと子ども、教員と生徒など対等ではありえない関係は論外として、先輩と後輩、上司と部下も上位の者がその立場を利用してはいけない。またもちろん、脅しや甘言は圧力となる。

③非継続性：毎回その行為ごとに同意があるか。日常的に性行為をする関係でも，そのときの体調や気分でイヤといえる。また性行為に同意してもその方法（例：避妊なし）や気分によって途中でイヤといえる。

④明確性：こころからの同意で合意できているか。積極的な同意を得る。無言やしぶしぶは同意ではない。

具体的には性行為も含むすべての行動の意思確認は，申し込む側が「〜したい，がまんできない！」と迫るのではなく「〜したいけど，イヤならイヤと無理しないでいって，心からイイよといえるまで待てるから」と相手の自己決定権による境界線を尊重する態度を示すべきである。また断られても，Noは「キライ」とは違うことを理解していれば，自尊感情は傷つかない。

　ただ，申し込まれた側も相手まかせにならず主体性をもって判断するべきではある。断りたい気持ちがありながら、「恥ずかしいから口に出せない」「嫌われたくない」「別れたくない」などの羞恥や躊躇がまさるなら，まだ性行為をするほど自立できていない，関係性が対等に成熟していない，ということである。もっと時間をかけて自立と成熟をしてからのほうがウェルビーイングな関係が築ける。

「性的同意」の理解と実体験の乖離

　若者の間で「性的同意」の重要性についてはかなり理解が進んでいる。公益財団法人ジョイセフによる「性と恋愛2023【性・セックスの意識】」調査によると「性的同意」について，図1のように「絶対に大事だと思う」若者は9割を超えている。

　しかし，同調査では，「性的同意を得ているつもりだが，本当に得られているか自信がない」と男性の約2人に1人（49.1%），女性の約3人に1人（36.0%）が回答。「具体的に性的同意とはどういうものか，正直わかっていない」の回答も4割を超えており（42.0%），「性的同意の重要性はわかっていながらも具体的には理解していない実態がある」と報告されている。

　さらに「気分が乗らないのに性交渉に応じたことがある」と，男性の28.6%，女性の46.1%が答えている（図2）。この重要性理解と実態の乖離は，学びの不足が大きな原因で，既述したように，ウェルビーイングな関係のための「性的同意」の学習を実態とニーズに即した内容に変えていくべきである。

　なお2023年7月13日から「強制性交等罪」から「不同意性交等罪」へと変更した改正刑法（ただし性犯罪法ではない）が施行され，「同意がない性的行為は犯罪になりうる」ことになった。主な改正点は以下である（詳しくは法務

図1 性的同意は絶対に大事だと思う

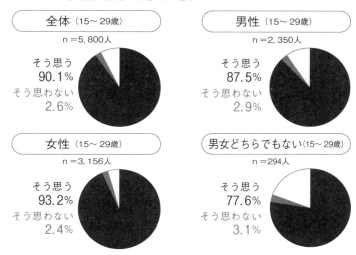

注）15〜29歳の日本の若者5800人にインターネット調査。
出典）ジョイセフ「性と恋愛2023【性・セックスの意識】」(https://www.joicfp.or.jp/jpn/column/sex-and-love-surv2023-02/)。図2も同様。

図2 気が乗らないのに性交渉に応じた経験がある

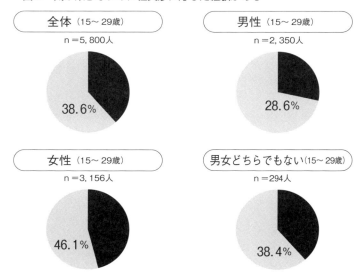

第5章 性的欲求と性的同意　71

省「性犯罪関係の法改正等　Q&A」　https://www.moj.go.jp/keiji1/keiji12_00200.html)。

①強制性交等罪が「不同意性交等罪」に変更

②性交同意年齢引き上げ（13歳➡16歳）

③性的グルーミングを処罰対象に

④公訴時効の5年延長

⑤身体の一部や物の挿入も「性交」

⑥「撮影罪」の新設　（性的動画写真の同意なき撮影や拡散）

　この「不同意」の事例には，暴行・脅迫，心身に障害，アルコール・薬物，睡眠，意識不明瞭，不意打ち，恐怖・驚愕，虐待，地位の利用などが記されている。

　以下は被害の場合の相談先である。覚えておくと友人からの被害相談にも役立つ。

①性犯罪・性暴力被害者のためのワンストップ支援センター（内閣府）

　全国共通番号　#8891（はやくワンストップ）

②性暴力に関するSNS相談「Cure time」（内閣府　https://curetime.jp/）

③性犯罪被害相談電話（警察）#8103（ハートさん）

3. 性から遠ざかる若者たち

　予期せぬ妊娠や性感染症，「性的同意」にもとづかない性暴力は，克服すべき喫緊の課題である。しかし，一方で，人間関係からも性的にも孤立する若者が増加する傾向がある。そのうちで克服すべき課題としては，性的関係や結婚を望みながらあきらめたり，逃避せざるえない状況にある人たちの問題がある。この背景には，知識の不足や社会問題がある。

　国立社会保障・人口問題研究所2021年「第16回出生動向基本調査（結婚と出産に関する全国調査）」の結果によると「交際相手をもたない（異性の友人／恋人，婚約者のいずれもいない）」割合は，18〜34歳の未婚の男性72.2％，女性64.2％である。また「交際を望んでいる」は半数弱であり，未婚男性全体ではどの年齢層でも3割台，未婚女性全体でどの年齢層でも2割台で，18〜

34歳の未婚男女の3人に1人は「特に異性との交際を望んでいない」。どちらも調査開始2010年以来最多となっている。

18〜34歳の未婚者のうち，性交経験のある割合は，男性で53.0%，女性で47.5%である。前回2015年と比較すると18〜19歳男性が微増，20代後半男女が横ばいで，全体的に第2章1節の若者の性行動「図1　性交経験率の推移」と同じ低下傾向にある。

性行動消極化の背景

性行動について，第2章では，以下のように指摘されている。

性行動の「消極化」が進行し，他方では性行動の「低年齢化」が進行しており，比較的早い年齢で性交を体験する若者と縁のない若者への分極化も進んでいる。性行動の「消極化」の背景には、性をポジティブなイメージとして捉えられない若者の増加と、それを生み出す日本の性教育の問題も考えられる。

指摘されたような意識や行動の変化は，短期間で遺伝的要因によって変わるわけではないので，既述したように社会状況の変化に影響を受けやすい若者がとりわけ早く反応していると見たほうがよい。経済と時間，人間関係，知識の貧困という生きづらさを抱えて性行動が「消極化」していくことは，性的存在であることからの逃避・排除ともいえる。安全を考えより慎重になっているわけではなく，このような要因で若者の性行動が不活発化していくことは，ウェルビーイングな性的自立とはいえない。

知識の貧困

第2章で指摘された「ポジティブなイメージを形成しにくい性教育」の原因は，日本でのCSEの普及の遅れがある。CSEは，人権をベースに互いを尊重し，よりよい人間関係を築くことをめざす教育である。それは子どもや若者たちに性の健康とウェルビーイングな関係を実現するためのエンパワーメントでもある。

日本財団による2021年「18歳意識調査「第39回——性行為」」を見ると，

第5章　性的欲求と性的同意　　73

学校の性教育については，「抽象度が高いと思う」(65.6%)，「避妊方法を具体的に知りたかった」(58.1%)，「現在抱える問題や悩みに適合していない」(52.1%)，「知っていることばかりだった」(47.5%)，「性についてネガティブな印象を受けた」(38.2%)，となっていて，ニーズに応えていないことがわかる。「学校の性教育でもっと深めてほしかった内容は？」の質問項目では，「恋愛や健康な性的関係に関する知識」(40.9%)が最多で，以下「性的反応の仕組みや性行為（セックス）に関する知識」(37.6%)，「ジェンダー平等に関する知識」(37.1%)，「性的虐待やデートレイプなど性にまつわる暴力やからだの保全に関する知識」(31.6%)，「性的行動における意思決定，拒否方法などに関する知識」(31.5%)が上位にあがっている。

　このように性交を扱えない「はどめ規定」に代表されるようなニーズに合わない学校実践が知識の貧困を生み出している。無知こそが，安全でよりよい関係を築けず，性のトラブルに結びつき，ジェンダー平等と多様性尊重という権利の侵害をもたらし，結果的に性行動を忌避することにつながる。

経済と時間と人間関係の貧困

　全国民の等価可処分所得平均50%の貧困ラインを下回る所得しか得ていない人の割合を、相対的貧困率という。相対的貧困の実態は見えづらいため、「隠れた貧困」ともいわれている。2023年の厚生労働省『国民生活基礎調査』によると，2021年日本の相対的貧困率は15.4%。経済協力開発機構（OECD）が公表する各国の相対的貧困率で米国（15.1%），韓国（15.3%）に抜かれ先進国最悪となっている。2020年から約3年間のコロナ禍はよりいっそう，この貧困化に拍車をかけた。

　次に時間の貧困であるが，『男女共同参画白書　令和2年版』によると，15〜64歳の男女全体で見て，日本は諸外国と比較した場合，以下3点の特徴が指摘されている。

①以前は短かった女性の有償労働時間が伸び，男性も女性も有償労働時間が長いが，特に男性の有償労働時間は極端に長い。

②無償労働（家事・育児等）が女性に偏るという傾向が極端に強い。

③男女とも有償・無償をあわせた総労働時間が長く，時間的にはすでに限界まで「労働」している。

　さまざまな複合的な貧困が，「恋愛や性的関係は贅沢品」あるいは「リスキー」「面倒くさい」といった認識を生み，出会いの機会の減少やつきあいの希薄さ，性への嫌悪と逃避につながり，性から遠ざかる若者たちを創出する。

　この傾向は，日本の多くの大学生にも共通する。学費無償の多いヨーロッパ諸国や手厚い奨学金システムのあるアメリカと違い，高い学費とローン化する奨学金返済，物価上昇で高騰する生活費，それらを賄うために極限までアルバイトに頼らざるをえない状況にある。参考に大学生のコメントを紹介する。

　　　僕たちは二人とも一人暮らしで親からの仕送りも足らず，学費や生活費のためのバイトに追われています。ほとんど会う時間もありません。親や先生から「学生生活は楽しいだろ」と言われますが，彼女と会うことさえできなくて，どこが楽しいのかわかりません。（関口久志『改訂　性の"幸せ"ガイド』エイデル研究所，2021年）

　この背景には大学など高等教育に対する日本の公費負担割合が，比較できるOECD36国中，ワースト３位の7.9％しかない公的支援の不足がある。

　恋愛や性は多様で各人の選択の問題であるが，性的存在であることからの逃避・排除を個人責任で終わらせないことが重要である。性的権利と尊厳を守り，若者の人間らしい生活と多様でウェルビーイングな選択肢を保障する責任は，社会の問題として捉えるべきである。

（関口久志）

第6章

避　妊

目　標　　避妊について理解し，自分に合った避妊法を選ぶことができる。
　　　　　避妊について相手と話しあうことができる。

キーワード　「生殖性」「快楽性」「連帯性」「自己決定」「性的自立」「多様な生き方」
　　　　　「男性用コンドーム」「低用量ピル」「ダブルメソッド」「リプロダクティブ
　　　　　ヘルス／ライツ」

1．なぜ避妊をするのか

　人間の性には大きく考えて，生殖性，快楽性，連帯性の三つの側面があるといわれている。生殖性は子孫を残すための性，快楽性は欲求を満たして快楽を得るための性，そして連帯性は相手との絆や精神的なつながりを求めるための性である。性行為をすることを日本語で「愛しあう」と表現したり，英語で"Make love"と表現したりすることからも，人間の性のなかで性行為が愛情と結びつけられていること，すなわち連帯性が重視されていることがいえるだろう。また，人が快楽を得るために性行為をするときには，妊娠を望まない場合も多い。このように，性や性行為・性交を生殖のためだけではなく快楽や連帯といった文化の一部として捉えているのが，人間の性の大きな特徴なのである。また，この三つの側面のうち，どれをどの程度重視すべきであるかということは，個人のもつ人生観や宗教観，価値観によるところが大きく，個人の属する文化・社会的背景によっても大きく異なるだろう。

　しかしどのような価値観をもっていようと，生物学的に見ると性交（性器挿入をともなう性行為）は生殖行為である。したがって，たとえ快楽性や連帯性を追求しようとするときでも，生殖性という性の側面を無視することはできない。もしも望まない妊娠をしてしまった場合，心身への負担，経済的負担，また学業や就職などの人生設計を変更するといった社会的負担が生じる

76　　パート2　性と健康・からだと生殖の権利

だろう。実際に妊娠をするのは女性であるため，望まない妊娠については女性への負担ばかりが重視されがちであるが，当事者である女性が望まない限り人工妊娠中絶を強要することはできないため，女性が産むという選択をして，その女性や子が認知を望めば，男性には父親としての責任が生じる。したがって男女とも，自分自身と相手を守るために避妊に対して高い意識と責任をもつことが大切なのである。

　厚生労働省の2022年度衛生行政報告例によると日本での人工妊娠中絶は年間約12.2万件と報告されており，10代と20代の中絶がその半数以上を占めている。もしも妊娠を望まない時期に性交をするのであれば，妊娠は自分や相手の身にいつ起こっても不思議ではないことなのだと考え，自分が負うかもしれないリスクについてよく理解したうえで行動する必要がある。

２．避妊法

　望まない妊娠を避けるために，人はさまざまな避妊の方法を発明してきた。それぞれの避妊法には利点と欠点があるため，自分の好みやライフスタイルなどに合わせて選択することが重要である。以下では日本で使用できる避妊法のなかから，大学生世代の使用に適したものを中心に説明する。

男性用コンドーム

　使い方と避妊の仕組み　挿入前にペニスに装着することで，精子を膣内に入れないようにして避妊する。射精前にも精子は漏れ出しているため，射精直前だけ使用するのでは効果がないことに注意する。

　コンドームを選ぶ際の確認点　JIS適合品であるか。使用期限は切れていないか。暑い部屋や車，財布のなかなど，劣化・破損しやすい場所で保管していないか。いたずらで穴があけられていたりしない，安心できるものであるか。

　ゴムアレルギーの者はポリウレタン製のコンドームを使用する。

　使用時の注意点　添付の使用説明書をよく読んで正しい使用法を理解する。爪やささくれ，包装の切り口などでコンドームを傷つけない。

第6章　避　妊　　77

図1　男性用コンドームの装着法

1　袋は，コンドームを端に寄せてから開ける
2　袋を開けた部分は完全に切り離す（中途半端にすると出すときにコンドームを傷める）
3　コンドームの端を触っただけで裏表がわかるようにしておく
4　爪を立てずに精液だめの空気を抜く
5　勃起したペニスの皮を根本まで手繰り寄せる
6　毛を巻き込まないようにして，コンドームを途中まで巻きおろす
7　かぶせた部分を亀頭方向に寄せ，根元で余っていた皮膚が張るようにして根元までおろす
8　射精したら，コンドームを押さえながら，膣などからペニスを抜く
9　続けてセックスをするときは，必ず体を洗って病原体や精子を洗い流す

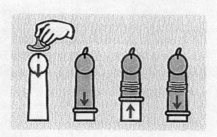

出典）文部科学省『性感染症予防に関する指導マニュアル』。

　裏表を間違えてペニスに触れさせてしまった場合は，新しいものと取り替える。使用後は，ペニスが小さくなり隙間から精液がこぼれないよう，根元を押さえて膣内から抜きだす（図1）。

　失敗率　2〜15%。

　利点　入手が容易で，安価で手軽である。HIV／AIDSをはじめとした多くの性感染症を予防することができる。

　欠点　男性の協力がないと使用が難しいため，妊娠の当事者である女性が決定権・主導権をもって避妊をすることができない。正しい使い方を理解・実践する必要があるが，思い込みで間違った使用法をしている者もいる。

ピル（低用量ピル）

　使い方　女性が毎日，ほぼ決まった時間に錠剤を飲む。基本的には月経初日から21日間続けて服用し，7日間休む（もしくは飲み忘れを予防するため，ホルモンの入っていない錠剤を飲みつづける）という28日間が1周期となっている。

月経と同じような出血（消退出血）が7日間の休薬期間中に起こる。

避妊の仕組み　合成エストロゲンと合成プロゲステロンという2種類の合成女性ホルモンを摂取することで，以下の三つの効果を起こし，妊娠を防ぐ。低用量ピルは，効果が期待できる最低限のホルモン量しか含まれていないため，副作用を最小限に抑えることができる。

①女性の身体を妊娠に近い状態にする

　妊娠中は，排卵を促す卵胞刺激ホルモンが出ず排卵が抑制される。排卵が起こらなければ妊娠することはできない。ピルはこの仕組みを利用し，体内のホルモン量を妊娠に近い状態にし，排卵を抑制することで避妊をする。

②子宮頸管粘液の粘度を増した状態にする

　膣と子宮をつなぐ部分（子宮頸管）のなかを満たしている粘液の変化により子宮内に精子が入りにくくする。

③子宮内膜が厚くならないようにする

　妊娠中はエストロゲンとプロゲステロンが順に分泌されるので子宮内膜が厚く栄養のある状態になり，受精卵が育ちやすい環境になる。しかしピルは合成エストロゲンと合成プロゲステロンを同時に摂取するため，からだは妊娠に近いホルモン状態でありながら子宮内膜が厚くならない。薄い子宮内膜には着床することが難しいため，妊娠しにくい状態を一時的につくりだす。

失敗率　0.3〜8％。

利点　飲み忘れなければ効果が非常に高い。女性が自分だけの意思で避妊をすることができる。月経不順や重い月経，月経前症候群などを和らげる，肌荒れを改善するなどの副次的な効果がある。また，試験や旅行などに合わせて月経日を移動させることもできる。飲むのを中止すれば数か月でからだが元のリズムに戻るため，将来の妊娠を希望している人でも使うことができる。

欠点　医師の処方が必要であるため，入手に手間と費用がかかる（避妊薬としての使用は健康保険適用外のため，病院によって費用は異なるが月に2000〜4000円のところが多い）。喫煙者であったり，特別な持病があったりするなど，服用に適さない人もいる。飲みはじめ初期に頭痛や吐き気などの副作用が見られ

表1　避妊法の種類とその特徴

方法	併用が望ましいが，単体でも避妊法として使えるもの					効果が低く，単体で避妊法として使うべきではないもの					避妊なし
	男性用コンドーム	ペッサリー	IUD	低用量ピル	不妊手術	殺精子剤	基礎体温	オギノ式・リズム法	自然法・新リズム法	膣外射精	
使い方	性行為の前に装着する	性行為の前に膣内に入れる	病院で子宮内に入れてもらう	毎日ホルモン剤を飲む	輸精管や輸卵管をしばる手術を受ける	性行為の前に膣内に入れる	毎朝の体温を，婦人用体温計で測り，排卵日を推定する	月経周期から，排卵日を推定する	頸管粘液の変化で，排卵日を推定する	射精の直前に膣からペニスを抜く	―
使用者	男性	女性	女性	女性	男性・女性	女性（男性がタイミングに協力）	女性（推定された排卵日には男性が禁欲に協力）			男性	―
入手場所	薬局など	婦人科	婦人科	婦人科	男性は泌尿器科，女性は婦人科	薬局（取り扱い店は少ない）	電器店，薬局など	なし	なし	なし	―
価格の目安	一つあたり100円前後	6000～8000円（再利用可能）	5年程度で4～15万円（種類による）	月2000～4000円程度	男女とも10万円から	一つあたり150円前後	記録機能つきデジタル式2000～3000円程度が手頃	なし	なし	なし	
失敗率	2～15%	6～16%	0.2%	0.3～8%	男性0.5%女性0.15%	18～29%	25%	25%	25%	27%	85%
利点	手軽で安価。性感染症の予防ができる	女性の意思のみで使用できる	女性の意思のみで使用できる。効果が高い。長期間，交換が不要	女性の意思のみで使用できる。効果が高い	効果がかなり高く，永続的	手軽	女性が自分の身体をよく知るための手がかりになる	女性が自分の身体をよく知るための手がかりになる	女性が自分の身体をよく知るための手がかりになる		―
欠点	正しい使い方をしないと失敗することがある	正しい使い方をしないと失敗することがある	不正出血や月経トラブル，腹痛が起こる場合がある	禁忌の体質や副作用がある。身体が薬に慣れないうちは吐き気や頭痛がでる場合もある	妊娠できる状態に戻すことが難しい	店頭での入手が難しい。薬剤にかぶれる人もいる。効果のある時間内に射精しなければならず，失敗率が高い	効果が低いため，コンドームなどと併用する必要がある。毎日継続して測定する必要がある	効果が低いため，コンドームなどと併用する必要がある。月経周期がずれると効果を期待できない	効果が低いため，コンドームなどと併用する必要がある。病気などによって粘液が変化する場合もあり判断が難しい	射精前に分泌される体液にも精子が混ざっていることから，避妊効果は低い。避妊法ではないとする専門家も多い	―

注）どの方法も，避妊に失敗した場合の胎児への影響はないとされている。
　　避妊薬や不妊手術は健康保険適用外のため，病院によって価格は変わる。
出典）Hatcher et al.（2007）Contraceptive Technology 19th rev. ed, Ardent Media, Incorporated.

ることがあるが，3か月程度飲みつづけることや，薬の種類を変えることでおさまる場合も多い。血栓が起きる可能性があるため，日頃から体調の変化に留意する必要がある。性感染症を防ぐことができないため，双方が感染していないことを検査で確認するか，コンドームを併用することが望ましい。

　その他の避妊法については表1を参照のこと。
　ピル，基礎体温については，巻末の参考文献も参照してほしい。

3. もしも避妊に失敗したら

　婦人科で緊急避妊ピル（アフターピル，EC）を処方してもらうことができる。日本では2011年に，副作用（吐き気や頭痛）の起こりにくい緊急避妊薬が厚生労働省に認可された。性交ののち72時間以内（薬剤の種類によっては120時間以内）に正しい方法で服用することで，高い確率で受精卵の着床を防ぎ，避妊効果を得ることができる。

　できるだけ早めに服用することが望ましいため，休日の診察やオンライン処方をしている病院を事前に調べておくと心強い。2023年11月からは，病院で診察・処方を受けずに薬局で緊急避妊ピルを購入できる制度に向けた試験販売が行われており，本格的な導入が望まれている。取り扱い薬局の検索は巻末資料3参照。避妊に失敗した場合以外にも，性暴力の被害に遭った場合や，避妊するのを忘れてしまった場合にも使用することができる。

　低用量ピルに比べてホルモン量の多い薬であることや，100％の効果ではないことなどから，日常的な避妊法として使うことは現実的ではないが，緊急時に事後的に行える避妊法として世界的に重視されている。

4. 日本人の避妊

　日本の大学生を対象とした『「若者の性」白書　第8回青少年の性行動全国調査報告』（日本性教育協会編，2017年）によると，日本人の性交経験率は男女とも18〜19歳でピークとなり，大学生の性交経験率は男子が47.0％，女子が36.7％となっている。また2022年人口動態統計によると日本の女性の初産の平均年齢は30.9歳となっていることからも，初交から出産までに10年以上，避妊が必要になる人も多い。

　日本では，避妊をしている人は男性用コンドームを使用する率が圧倒的に高い。『「若者の性」白書』のなかで，性交経験のある高校生・大学生に避妊法を聞いたところ，9割を超える人がコンドームと答えている。また，全年

代において，他国に比べるとピルやIUD，不妊手術などの近代的避妊法が普及しておらず，膣外射精が多い（図2）。『「若者の性」白書』によると，避妊をしている高校生の男子31.6%，女子30.1%，大学生の男子15.3%，女子20.4%が膣外射精をしていると回答している。しかし膣外射精の避妊効果は低く（失敗率約20%），避妊をまったくしない場合とあまり変わらない。

　避妊用ピルは欧米では1960年代から使用され，若者世代の避妊に重要な役割を担っているが，日本では世界的に見ても非常に遅れて1999年にようやく認可された。認可の経緯で副作用が必要以上に強調されたせいもあり，日本での避妊法としての使用率は2.9〜7.6%程度とまだ高くないが，PMSや月経痛の軽減など効果が知られるようになったことにより，治療目的での使用は10〜30%といわれている。また，学校教育のなかで避妊の知識を含む性教育がしっかりと行われていないという現状があり，ピルについても「よく知らない」「わからないけれど怖い薬」という漠然とした否定的イメージをもっている人が大勢いる。しかし正しく使用すればピルは決して怖い薬ではなく，避妊効果以外にも，月経トラブルを軽くするなど女性の生活を楽にする副効用が多くある。ピル使用経験者のピルへの満足度は高いといわれていることから，今後，ピルが普及していく可能性は十分に考えられるだろう。

　しかしそれだけでは十分とはいえない。世界的には皮膚や粘膜，皮下に埋め込んだインプラントから女性ホルモンを吸収する，毎日服用する必要のないホルモン避妊法も普及しており，女性が主体的に避妊を行う選択肢は増えているが，日本では認可されていない。また，緊急避妊薬は世界保健機関（WHO）の必須医薬品に指定されており，世界の約半数の国では医師の処方が不要で，個人が薬局で購入することができるが，日本ではそのような販売形態の是非について，2017年以前から議論されているにもかかわらず，前述のとおりいまだ試験段階であり，日本における避妊法の普及には課題が残っている。

図2 世界で使用されている避妊法

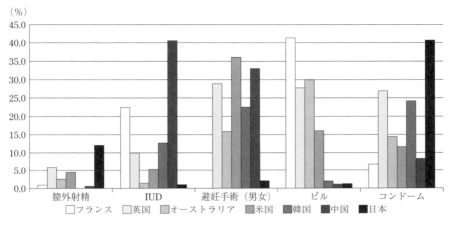

注）韓国は膣外射精のデータなし。
出典）World Contraceptive Use 2012より作成。

5．自分に合った避妊法を選ぶ

　日本では，避妊といえばコンドームという意識が強く，そのほかの方法は考えたことがないという人が多いだろう。しかし欧州などでは，年代や自分の状況に応じて避妊法を選択することが一般的である。

　たとえば，フィンランド（図3）では24歳以下の多くがピルなどの，女性ホルモンを使った避妊法を選択している。この年代は比較的妊娠しやすい時期であると同時に，今後の人生の基礎を固める重要な時期でもあり，どうしても妊娠しては困るという人が多いため，効果が高く，使用を中止すれば妊娠可能になるホルモン法が多く用いられている。

　25～44歳になるとホルモン法の利用率が減少し，コンドームやIUDといった方法が増加しはじめる。妊娠・出産を希望する者が増えることでホルモン法のような確実な避妊の必要がなくなると同時に，出産経験のある女性が増えることからIUDが使われるようになる。

　45歳以上になると不妊手術の利用者が急激に増加する。不妊手術は精管

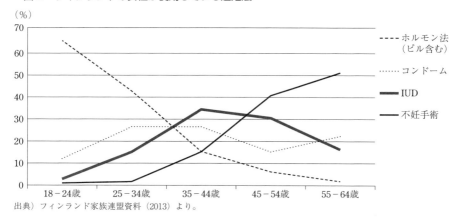

図3 フィンランドの女性が使用している避妊法
出典）フィンランド家族連盟資料（2013）より。

や卵管を外科手術で閉塞させる方法であり，妊娠可能な状態に戻せなくなる場合も多いため，これ以上の妊娠出産を希望しない年代で多く使われている。

このように自分の生活スタイルや将来設計に合う避妊法を使用するためには，それぞれの避妊法の特徴についてよく理解し，そのときの自分に必要な避妊法を選ぶ必要がある。

6．避妊と自己決定

日本の保健体育の教科書では，避妊法を選択する際には，男女が話しあい協力をすることが重要であると書かれている。この考え方はコンドームのように男性が使用する避妊法が広く普及している日本では非常に重要である。

一方で，比較的新しい避妊法である低用量ピルは，女性が自分一人の意思で，男性に伝えることなく避妊を行うことも可能である。そのためピルを，「話しあい・理解・協力」とは正反対の避妊法であるとして否定的に捉える人もいる。しかし望まない妊娠という身体的リスクを，女性自身の意思と責任で管理することができる低用量ピルは，女性にとって画期的な避妊法であるといえよう。特に日本では避妊法の選択肢が男性用コンドームに偏っていることもあり，避妊の責任は男性がとるものと考えられがちである。このた

め避妊について女性が主体的に考え，自己決定をする権利の重要性が強調されてこなかった。しかしどのような避妊法を使用するとしても，女性が避妊の問題について主体的に考え，納得したうえで決定することは，女性の性的自立のために必要なことである。妊娠や出産は女性にとって健康上のリスクになりうる大きな出来事であるため，当事者である女性が，どのような手段で避妊を行うかを決定する権利をもつべきである。

　また，女性主体の避妊法が普及したからといって，男性が避妊について考えなくてよいということにはならない。第一に，男性は妊娠という身体的健康的リスクを自分の身に負うことができないため，自らの性行為の結果を他者（女性）に負わせることになる。自身の決定権の及ばない結果をともなうため，男性は女性と同じかそれ以上に性行為や避妊には慎重になる必要がある。第二に，避妊を女性まかせにしてしまえば男性は，子どもをもつタイミングを完全に女性に委ねることになる。男性は女性のように自らの妊娠・出産というかたちで性的自己決定を行うことはできないが，望まないタイミングで父親にならないような行動をとる権利をもっている。

　このように考えたとき，避妊の効果を高め，男女双方が避妊に高い意識をもつために，ダブルメソッド（二つの避妊法の併用）を使うことが理想的である。避妊効果や性感染症予防のうえで最も確実なのはピルとコンドームの併用であるが，それができない場合，コンドームと排卵日の予測（基礎体温やリズム法など）を併用することもできる。男女がそれぞれ自分にできる避妊法を使い，自分と相手を守ろうとすることが本当の意味での「互いの理解と協力」の実践になり，男女双方のリプロダクティブ・ヘルス／ライツを尊重することにつながるのではないだろうか。また今後，効果の高い避妊法（ピルなど）がより普及したとしても，日本の性文化に根づいたコンドームを使用する習慣は性感染症予防のため大切にしなければならない。正しい使用法をしっかりと広めていく必要があるだろう。

第6章　避　妊

7．避妊と禁欲

　いくつかの避妊法について説明したが，望まない妊娠を最も確実に避ける方法は，セックスをしない（禁欲）ということである。個人の信条や宗教的価値観から，生殖を目的としない性交はしないと決めている人たちも多く存在している。しかし，最初に述べたとおり，人間の性には生殖以外の側面があると考えている人も多い。また近年，結婚をしない人，結婚できない人，パートナーがいても結婚というかたちをとらない人，結婚をしても子どもをもたない人，さまざまな事情で子どもをもてない人など，多様な生き方をしている人たちが増えてきている。このような社会で「結婚して子どもを望むとき以外は性交をしてはいけない」とすることは現実的ではない。快楽や連帯感を求めるために性交をすることを不道徳だと非難することは簡単である。しかし個人の選択や価値観の多様性を重視するのであれば，どの人たちの考え方も受け入れ，それぞれが選んだ道のなかで健康かつ幸福に生きる方法を考えていく必要がある。

　日本の高校生・大学生は愛情があればセックスをしてもかまわないと考えている人が多いが，多数派だからといってそれが正しいというわけではない。男女問わず，妊娠を望むときまでは性交を避け，スキンシップにとどめるべきだと考えている人もいる。パートナーや友人に自分の価値観を押しつけたり，まわりの意見に流されたりせず，自分がきちんと納得したうえでどのような行動をとるべきか，また必要であればどのような避妊法を選ぶべきか考えることが重要である。

（森岡真梨）

第 7 章

妊娠・出産・中絶

目 標　妊娠・出産・中絶に関して主体的に取り組むために必要な知識を得ることができる。
リプロダクティブ・ヘルス／ライツの視点から理解する。

キーワード　「リプロダクティブ・ヘルス／ライツ」「主体的」

1. 産む・産まないにかかわらず，妊娠・出産について知っておきたいこと

　この章では，リプロダクティブ・ヘルス／ライツの視点から妊娠・出産について考えていきたい。性と生殖に関する健康は，女性だけの問題ではなく，男性や家族も含む，すべての個人にとっての権利の問題である。性と生殖の健康を医療関係者まかせにせず，自らの問題として主体的に取り組むには，正しい知識を得ることが重要である。

妊　娠

　妊娠とは，受精卵や胎児を女性が体内に保有している状態である。妊娠は排卵（卵巣から卵が放出されること）された卵子に精子が入りこむことで受精し，その受精卵が子宮内膜へ着床するという経過をたどり成立する。自然妊娠の場合，受精の場は女性の卵管の太い部分である卵管膨大部であり，受精が成立しない場合，卵子は24時間以内に退化してしまう。受精が成立すると，受精卵は卵管を通って子宮内膜に着床する。体外受精が普及した現在では，妊娠の成立をどの時点とするのか，生命の始まりはいつからかについての議論がある。

第 7 章　妊娠・出産・中絶　　87

図1　受精と着床

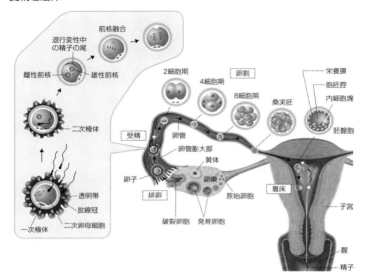

注）排卵された卵子は通常，卵管膨大部で精子と出会い，雌性前核と雄性前核が融合して受精卵となる。受精卵は子宮腔へと移動しながら卵割を繰り返して胚胚となり，子宮内膜に着床する。
出典）久須美真紀ほか「妊娠期の身体的特性」（森恵美ほか『母性看護学各論（第14版）』医学書院，2013年，65頁）。

妊娠検査

　性交体験があり，月経周期が規則正しい人で，次の月経の予定日より1週間から10日過ぎても月経がこないようなら，妊娠している可能性が高いと考えていい。この段階で，市販の尿検査薬で検査をする人もいるだろう。この検査は，妊娠すると分泌されるヒト絨毛性ゴナドトロピン（hCG）が尿に含まれているかどうかを見る検査である。異常妊娠（子宮外妊娠や流産，胞状奇胎など）でも検査薬は陽性になるため，正確な診断は病院でしてもらう必要がある。

　産婦人科で妊娠しているかどうかを確実に診断できるのは，月経予定日より2週間ほど過ぎた頃である。ストレスなどで月経が遅れることもあるが，予定の日を2週間過ぎても月経がこないときには早めに受診するとよい。

妊娠による体調の変化

　妊娠すると，月経が遅れたり，嘔吐したり，食欲不振，嗜好が変わるなど，からだに変化が現れる。この嘔吐，食欲不振，嗜好の変化を「つわり」という。つわりの始まる時期や持続期間などには個人差がある。また，妊娠をするとホルモンの影響で基礎体温が上がるため，微熱が続くことがある。からだがほてったり，だるさが続いたり，集中できないなど，風邪に似た症状が見られることがある。乳頭が痛かったり，胸が張ったりすることもある。そのため，こうした体調の変化により，妊娠に気づくこともある。

　日頃から基礎体温を測ることは重要である。月経の始まりから排卵までは低温期で，排卵が起きると黄体ホルモンが分泌され高温期となり2週間ほど続く。妊娠しているとそのまま黄体ホルモンの分泌が続くため，基礎体温は高温期のままとなる。月経予定日になっても基礎体温が下がらず，3週間以上高温期が続くようなら，基礎体温から妊娠が考えられる。

子宮外妊娠（異所性妊娠）

　尿検査で妊娠反応が陽性であるにもかかわらず子宮内に胎嚢や胎児が確認されない場合は，子宮外妊娠（異所性妊娠）の可能性がある。子宮外妊娠とは，子宮内膜ではなく卵管や卵巣，腹腔内に受精卵が根を生やしてしまった場合をいう。全妊娠のうち1％ほどは子宮外妊娠ともいわれている。着床の場所が子宮と違って非常に狭いため，胎児が十分に育たないうちに流産となる。流産とならずにその場所で発育すれば，卵管や卵巣は破裂し，激しい腹痛と出血が生じ，すぐに手術が必要となる。子宮外妊娠は性器クラミジア感染が原因になることもある。

胎児の催奇形因子

　胎児の催奇形因子としては，薬物，放射線（レントゲン），感染症，飲酒，喫煙などがある。胎児の奇形発生は妊娠の全期間を通じてということではなく，胎児の諸器官がつくられていく時期（器官形成期：妊娠4週初めから妊娠16

第7章　妊娠・出産・中絶　　89

週終わりくらいまで）に危険がある。この時期を臨界期という。受精後2週間以内に影響を受けた場合、受精卵は着床しなかったり、流産で消失してしまったりするか、あるいは完全に修復されて奇形のない児を出産するといわれている。一方、妊娠4～7週末までの時期は胎児の中枢神経、心臓、消化器などの重要な臓器が発生・分化し、催奇形という意味では胎児が最も敏感で影響を受けやすく、絶対過敏期である。妊娠の可能性のある性交のあと、月経が遅れているかもしれないと思っている時期は、この絶対過敏期と重なっているため、催奇形因子には十分に気をつける必要がある。そして、妊娠中の薬の服用は胎児に影響を及ぼすことがあるので自己判断をせず、医師の診断をあおぐべきである。

近年、妊婦の風疹感染が話題になっている。妊婦、特に妊娠初期（妊娠12

図2　ヒトの形態発生と臨界期

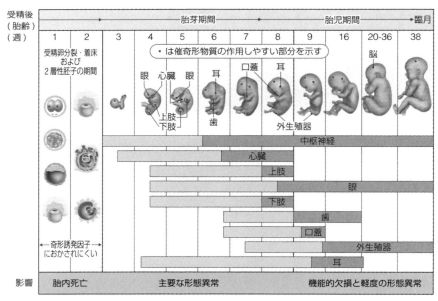

注）ヒトの発生におけるそれぞれの臓器・器官の臨界期（催奇形因子に対する感受性が高い時期）を示す。■は最も感受性の高い時期、■はそれよりは低いが感受性のある時期を示す。
出典）久須美真紀ほか「妊娠期の身体的特性」（森恵美ほか『母性看護学各論（第14版）』医学書院、2021年、74頁）。

週までの可能性が高い）にはじめて風疹に感染すると，胎児が風疹ウイルスに感染し白内障や緑内障などの眼症状，先天性心疾患，難聴等の障害をもって生まれることがあり，先天性風疹症候群と呼ばれている。本来は，妊娠前に感染症の抗体価を検査しワクチンを接種しておく必要がある。この風疹ワクチンは，弱毒性の生ワクチンであるため，接種により胎児に影響がないと断言はできない。したがって，妊娠していない時期（月経中または月経直後）に接種し，その後2か月間の避妊を要する。

　妊娠中の初感染で子どもに障害が出るものもある。生肉や加熱不十分な肉によるトキソプラズマや感染した猫の糞などからのサイトメガロウイルス感染等にも気をつける必要がある。

分娩予定日と妊娠週数の数え方

　分娩予定日は，最終月経の初日を0日と数えて40週0日，280日目となる。月経不順があったり最終月経がいつか覚えていない場合などは，超音波検査による胎児の大きさの測定や基礎体温で予定日を決める。その場合，およそ妊娠10週～12週くらいまでに分娩予定日を決定する。中絶可能時期ともかかわるため，自分の月経の記録をつけておくことは重要である。

　妊娠週数の数え方は，0週は0～6日まで，翌日を1週0日とし数えていく。ただし，排卵後2週間で月経が始まることから，月経周期が28日型の場合，実際には2週0日のあたりに排卵があったことになる。そのため，妊娠週数と受胎後週数である胎齢（赤ちゃんが母体内で過ごした期間）とでは2週のずれが生じることになる。

　妊娠16週未満を妊娠初期，妊娠16週～28週未満を妊娠中期，妊娠28週以降を妊娠末期としている。妊娠20週を境に妊娠前半期と妊娠後半期に分けることもある。予定日はあくまでも目安で，37週0日～41週6日までの出産を正期産といい，正常範囲は広い。

妊婦健康診査

　妊娠中に受ける妊婦健診（妊婦健康診査）では，妊婦の体重，血圧，尿検査

表1　妊娠期間の定義

	日　数	妊娠週数		妊娠月数	妊娠時期	
	0～　6日	0週	←0日：最終月経第1日	初期	前半期	
	7～ 13	1				
	14～ 20	2	←14日：実際の妊娠成立（受精）			
	21～ 27	3				
	28～ 34	4	免疫学的妊娠反応陽性	第2月		
	35～ 41	5	超音波断層法で胎嚢確認			
	42～ 48	6	超音波断層法で胎児心拍確認			
	49～ 55	7				
	56～ 62	8		第3月		
	63～ 69	9	←10週未満は胎芽とよぶ			
	70～ 76	10	←10週から胎児とよぶ			
	77～ 83	11				
	84～ 90	12	（流産）	第4月		
	91～ 97	13				
	98～104	14				
	105～111	15				
	112～118	16		第5月	中期	
	119～125	17				
	126～132	18				
	133～139	19				
子宮外生育が可能とされる時期→	140～146	20	←体重500g に相当（WHO）	第6月		後半期
	147～153	21				
	154～160	22				
	161～167	23				
	168～174	24		第7月		
	175～181	25				
	182～188	26	←体重1,000g に相当（WHO）			
	189～195	27				
	196～202	28		第8月	末期	
	203～209	29				
	210～216	30				
	217～223	31	（早産）			
	224～230	32		第9月		
	231～237	33				
	238～244	34				
	245～251	35				
	252～258	36		第10月		
	259～265	37				
	266～272	38				
	273～279	39	（正規産）			
	280～286	40	←280日：分娩予定日（40週0日）			
	287～293	41				
	294～300	42				
	301～307	43				
	308～314	44	（過期産）			
	…	…				

注）胎齢は受精からの期間を現し，妊娠週数－2である。

出典）久須美真紀ほか「妊娠期の身体的特性」（森恵美ほか『母性看護学各論（第14版）』医学書院，2021年，64頁）。

（蛋白・糖），血液検査，胎児の心拍や成長度合などを見たり，時期に合わせたアドバイスなどを受けたりする。胎児の状態や妊娠による健康状態を確認し，胎児や母体の命を守るためにも妊婦健診を受けることは重要である。健診は，妊娠23週までは4週間に1回，妊娠24～35週は2週間に1回，36週以降は1週間に1回が基本的な間隔である。胎児心拍動が確認できていても胎児が亡くなってしまうこともある。それは妊娠週数が早くても出産間近でも起こることがある。異常を早期に発見するためにも妊婦健診を受けるべきである。妊婦健診費用については各自治体の助成制度があり，母子健康手帳交付の際に案内がある。

新型出生前診断

　近時，胎児の染色体や遺伝子を調べるための新型出生前診断と呼ばれる母体血を用いた出生前遺伝学的検査が話題となっている。費用は8万～20万

図3　胎児の発育と観察

妊娠週数	4	8	12	16	20	24	28	32	36	40
胎児の発育										
身長（cm）	0.4～1.0	2～3	7～9	16	25	30	35	40	45	50
体重（g）		4	20	120	250～400	600～800	1,100～1,400	1,700～2,100	2,300～2,800	2,900～3,500
GS（cm）	1.0	3.4	6.6							
CRL（cm）		1.5	5.3	9.5	17	23	27	31	35	40
BPD（cm）			2.1	3.5	4.8	6.0	7.1	8.0	8.8	9.2
FFL（cm）				1.9	3.0	4.0	4.8	5.6	6.3	6.9
子宮の変化										
子宮の大きさ	鶏卵大球形	鷲卵大	手拳大	新生児頭大	小児頭大	成人頭大				
子宮底長(cm)				12(7～16)	18(16～20)	20(18～22)	23(20～25)	26(24～29)	30(28～32)	33(31～35)
子宮底の高さ			恥骨結合上縁	恥骨結合上縁と臍の中間	臍下2～3横指	臍高	臍上2～3横指	臍と剣状突起の中間	剣状突起下2～3横指	臍と剣状突起の中間

出典）前原澄子編『新看護観察のキーポイントシリーズ　母性Ⅰ』中央法規出版，2011年，66頁。

円ほどかかるが，母体の血液を採取するだけで検査ができ，羊水検査と違い流産の危険もないことからこの検査を受ける人が増えている。しかし，これは確定診断ではなく，あくまでもスクリーニング検査（ふるい分けのための検査）であり，陽性と診断されても異常がない可能性もある。また，陽性と結果が出たときに，産むか産まないかという，障害の有無の可能性による命の選別になりかねない非常に重要な選択を迫られることになる。そのため「反対」の声がある。

2. 産む選択をする——リプロダクティブ・ヘルス／ライツとしての主体的な出産

　産むと決断した場合，医療者まかせにせず，知識を得たうえで，産む場所や立会い者，出産方法などを選択するなど出産に主体的に取り組むことが重要である。

　陣痛という子宮収縮が10分ごとになり，徐々に強くまたその間歇（陣痛がない時間）が短くなり，子宮口が全開大（10cmほど開大）し，胎児が下降しながら産道に合わせて回って子宮外へ出てくる。これが出産である。出産はからだの巧妙な生理的なメカニズムによって行われる。出産中の妊婦を産婦と呼ぶ。子宮収縮が10分ごと，あるいは１時間に６回くれば陣痛開始と考えるが，出産には，この陣痛開始から初産婦で12時間ほど，経産婦で７時間ほどを要する。しかし，出産の所要時間には個人差がある。

産婦の自己決定の尊重

　1985年にWHOヨーロッパ地域事務局が出した『出産科学技術についての勧告』（以下『勧告』とする）で，すでにリプロダクティブ・ヘルス／ライツの視点から「産婦主体で，産婦の自己決定を尊重する」ことについて述べられている。その後もWHOはレポートを出しており，『WHOの59カ条お産のケア実践ガイド』（戸田律子訳，農文協，1997年），『WHO推奨　ポジティブな出産体験のための分娩期ケア』（分娩期ケアガイドライン翻訳チーム訳，医学書院，

2021年）に詳述されている。『勧告』でも，出産時の医療処置の実施は最小限にするよう「会陰切開を慣例的に行うこと」を見直し「他の方法による会陰の保護」が勧められるなどされている。

　肛門と膣の間を会陰というが，出産時にこの会陰を切開することがある。こうした医療処置にはメリットとデメリットがあるが，デメリットについての説明はほとんどなされず，多くの場合，施設の両親学級などで，そうした医療処置が正当化されている。医療者のいうことを鵜のみにするのではなく，十分な情報を得ることで自ら選択できることを知り，自分たちのしたい出産についての希望を伝え，主体的にお産に臨むこともできるのである。

　現在，出産場所としては，病院や診療所，クリニックが多いが，助産所や自宅での出産も行われている。持病がなく，妊娠に問題や心配がないローリスクであれば，自宅での出産も選択できる。本来，出産は産婦が安心できる環境でなされるべきである。自身のリスクを知り，安心できる出産場所，安心できる立会い者などを選択することも，主体的な出産を実現する重要な要素である。

　出産体位についても，病院のベッドの上で仰臥位（仰向け）で産むのが「普通」だと思いこんでいるかもしれないが，実はさまざまな選択肢がある（図4）。その時その時で，介助者と相談しながら，自分にとってここちよい姿勢に換えていくことが望ましい。ただし，出産施設によって可能な出産体位が異なる。まずは自分の希望を伝えること，かなわないようであれば施設を替えることを含め検討してもいい。その際，出産直前に施設を替えることにならないよう，自分らしい出産ができる所かどうかを妊娠前半期には確認しておくとよい。

「産ませてもらう」のではなく「私たちで産む」

　これまで述べてきたように，主体的な出産とは，産むときだけの問題ではなく，それまでの過程すべてにかかわる選択と決定が前提となる。自分たちのお産についての希望をもち，その希望を伝えること，医療処置についても疑問があれば積極的に質問し，納得したうえで出産を迎えることが重要であ

図4　出産体位

注）シーラ・キッチンガー『シーラおばさんの妊娠と出産の本』（戸田律子・きくちかえ監訳，農山漁村文化協会，1994年）を参考に作成。
出典）『季刊 セクシュアリティ』No.59，2013年1月。

る。「産ませてもらう」のではなく「私たちで産む」。わが子をどのように迎えるかをしっかり考える。そのためには，自分でも食事に気をつけたり問題がなければ歩いたり運動したりするなど，体力と体重管理に気をつけるといった自己の努力も必要である。

腹式帝王切開術（帝王切開）などの出産時の医療

　分娩の8〜9割は正常に生まれるが，1〜2割は厳重な管理と介助が必要であるといわれている。出産時には突然，異常が発生することもある。胎児を救命するための手術として腹式帝王切開術がある。これにより短時間で胎児を出生させ出産を終わりにすることができる。そのほかに，胎児の下降を助ける出産時の医療として児頭を牽引する吸引分娩や鉗子分娩がある。

　近年，高齢での出産の増加などハイリスク妊娠が増加し，腹式帝王切開術の実施が増えているが，母体にとってはあくまでも手術であり，リスクもある。安易で不要な帝王切開術の選択は必ずしも母体の安全には結びつかない。『勧告』でも，周産期死亡率が低い国では，帝王切開率が10%以下であることが指摘されている。

　一方で胎児の生命に危険があり緊急に出産させなければならない場合や産道を通ることによる胎児の感染を防ぎ胎児を守るなどの理由で腹式帝王切開術をしなければならないケースがある。腹式帝王切開術が意に反していた場合に挫折感を味わってしまうことがあるが，母体と胎児の安全のために手術をしたことを肯定的に受けとめることが大切である。腹式帝王切開術で生まれた場合も負い目を感じる必要はない。

3. 産まない選択をする——人工妊娠中絶

　妊娠をした場合，産まないという選択もある。母体へのダメージを考えれば，避妊をしっかりと行い，人工妊娠中絶の実施はできるだけ避けるべきであるが，人工妊娠中絶をするならば，信頼できる病院で，できるだけ初期に実施するほうがいい。産まないという選択もリプロダクティブ・ヘルス／ラ

第7章　妊娠・出産・中絶　　97

イツの一つなのである。

　妊娠中絶＝人工妊娠中絶と考えている人は多いが，本来，妊娠中絶とは妊娠が出産にいたらず途中で終わることであり，自然妊娠中絶（自然流産）をも含む言葉である。人工妊娠中絶とは人工的に妊娠を中絶することであり，実施可能な期間が厳格に定められている。日本では刑法第214条に堕胎罪が存在し人工妊娠中絶を禁止しているが，母体保護法によって妊娠22週未満であれば，①妊娠の継続または分娩が身体的または経済的理由により母体の健康を著しく害するおそれのあるもの，②暴行もしくは脅迫によって，または抵抗もしくは拒絶することができない間に姦淫されて妊娠したものについて人工妊娠中絶が許可されている。つまり人工妊娠中絶ができるのは上記の理由の妊娠21週6日までとなっている。人工妊娠中絶の方法には，子宮内膜や子宮内容を搔き出す搔爬術，吸い取る吸引法，妊娠継続に重要な黄体ホルモン（プロゲステロン）の分泌を抑制し妊娠継続を阻害する薬剤（中絶薬）による方法がある。

　WHOは『安全な中絶』という手引きで，搔爬術は吸引法や薬剤による中絶に切り替えることを勧めているが，日本では中絶薬による中絶は少なく搔爬術が主流となっている（すぺーすアライズ『安全な中絶——医療保健システムのための技術及び政策の手引き 第2版［Safe abortion: technical and policy guidance for health systems - 2nd］』『安全でない中絶［Unsafe abortion］』『薬剤による中絶　臨床上の一般的な質問［Frequently Asked Clinical Questions about Medical Abortion］』，塚原久美『中絶技術とリプロダクティブ・ライツ』［勁草書房，2014年］で詳述されている）。

　中絶薬が認められている国でも医師の処方箋が必要であり，この薬を個人輸入し自己妊娠中絶をするのは危険である。厚生労働省も『個人輸入される経口妊娠中絶薬（いわゆる経口中絶薬）について』で注意喚起している。

　妊娠がレイプ（強姦）によるケースは，緊急避妊，性感染症検査・治療，妊娠検査などとともに費用の公的援助がある。事件化の有無にかかわらず，警察庁の各都道府県の性犯罪被害者相談電話や性暴力被害者支援ワンストップセンター，医療機関に相談し，経済的な負担まですべて負うことを避ける

ことができる。

　産みたいが育てられない場合には里親制度や養子縁組という方法もある。養子縁組には児童相談所，医療機関，民間機関の仲介がある。いろいろな情報を得て，納得のいく選択をするべきである。

初期中絶

　妊娠11週6日までに行う妊娠中絶を「初期中絶」という。この時期の人工妊娠中絶については，WHOが標準中絶法であるとしている吸引法で手術を行っているとホームページで紹介している産婦人科も増えてきているが，日本での初期中絶の方法は，麻酔をかけて機械的に子宮のなかから子宮内膜を掻き出す掻爬術が依然として多い。人工妊娠中絶は健康保険が適用されず病院により金額が異なるが10万～20万円ほどかかり，日帰りまたは1泊入院で手術を行う。

中期中絶

　妊娠12週0日を過ぎてから21週6日までに行う妊娠中絶を「中期中絶」という。この時期では，胎児の大きさなどにより中絶方法は異なるが，胎児が大きくなっていれば，薬で陣痛を起こして出産のように胎児を産みおろす方法がとられる。子宮の出口を十分に拡大しなければならず，初期中絶よりも前処置が必要である。陣痛がすぐにくれば1日で終わるが，陣痛がくるのに2～3日かかることもある。手術後も出産と同様に子宮の戻り具合や出血量などを観察していく必要があり，4～5日の入院になる場合がある。入院期間や実施される処置や麻酔などで料金は変わるが，中期での人工妊娠中絶は初期よりも費用が多くかかり，30万～50万円ほどである。また，中期中絶では胎児の火葬の手配や役所への死産証明書の提出が必要となる。

施設を選ぶ

　人工妊娠中絶では，子宮損傷，後出血，感染症や，その後の卵管閉塞，月経異常，続発性不妊症，心理社会的影響等へのケアや配慮が必要である。人

工妊娠中絶を選択する場合，費用の安さで病院を選ぶのは危険であり，母体保護法指定医か，どのような方法かなどの情報を得て，信頼できる病院で受けるべきである。施設に対し少しでも不安や不満を抱いたならば施設を替えることを検討してみるといい。

おわりに

　妊娠・出産・中絶は，女性だけの問題と捉えられがちであるが，妊娠が成立するためには基本的にパートナーがいること，また，「産む」ことは「育てる」ことに直結することを考えれば，男性も，妊娠や出産についての知識を得て，主体的に考え取り組んでいくことが重要である。

　中絶をめぐっては，同意書には相手のサインも必要であり，先にも述べたように，いまだ「堕胎罪」が存在する。「産む」「産まない」をリプロダクティブ・ヘルス／ライツとして捉えるとき，こうした課題についても考え，議論していく必要がある。

（小林由美）

第8章

不妊と生殖補助医療

目標
不妊と生殖補助医療に関する知識を得る。
リプロダクティブ・ヘルス／ライツの視点から不妊と生殖補助医療を理解する。

キーワード
「リプロダクティブ・ヘルス／ライツ」「家族を形成する権利」「胎児・子どもの権利」

1．不妊とは何か，どう向きあうか？

　「妊娠を希望している夫婦が，通常の性生活を送りながらも，2年以上たっても妊娠しない場合」を不妊と定義しつづけていたが，諸外国では1年で妊娠しない場合を不妊と考えていることや，不妊因子がない場合1年後と2年後の妊娠率の差がほとんどないことなどから，2015年日本産科婦人科学会は不妊の定義を「1年以内に妊娠に至れない状態」と2年を1年に短縮した。WHOでは不妊を「子どもがほしいがいない状態」に定義を拡大する動きがあり，すでに独身者や同性カップルでも妊娠するための医療を受けることができる国もある。しかし，パートナーがいない，パートナーが同性なので子どもができないというケースを不妊と考えるのかなどの議論がある。

不妊の原因

　不妊の原因は，男性側，女性側，双方に問題がある場合のほか，原因が明確にわからないこともある。日本にはかつて「嫁して三年子無きは去れ」という言葉があったように，産む側の女性に問題が押しつけられる傾向があったが，今日，男性側と女性側の原因は同じくらいの割合であると考えられている。

第8章　不妊と生殖補助医療

不妊の検査

　不妊検査は，産婦人科で受けることができる。男性は，泌尿器科など精液検査が可能な科でも検査を受けることができるが，カップルで受診するには不妊治療を行っている産婦人科がよい。女性が受ける検査としては採血によるホルモン値の測定や超音波検査，卵管につまりがないかを見る子宮卵管造影法などの検査がある。

子どもをもてるかもしれないし，もてないかもしれない

　「子どもはすぐできるもので自分には不妊症は関係ない」と考えている人も多く，その場合，事態に直面した際の衝撃は大きい。妊娠は当たり前のことではなく，子どもをもてるかもしれないし，もてないかもしれないということを前もって考えておくことも必要である。

卵子の老化（劣化）

　近頃，35歳以上の妊娠を難しくする主な原因として卵子の劣化が指摘され，卵子の老化ともいわれている。生物学的に女性として生まれたときから，卵胞は再生されることなくさまざまな影響を受けながらずっと生きつづけている。そのため，歳を重ねるごとに傷みを受けることになり，染色体異常の原因になる。これに対し，精子は思春期頃から生成されはじめる。射精のたびに新たに産生されるので，加齢によるダメージを卵子ほどは受けない。精子を産生する機能がある限り精子は老化しないと考えられてきたが，近年では精子の数や運動率が悪くなったり，ＤＮＡが損傷されたりするなどの精子の老化も明らかになっている。

　卵子や精子が老化（劣化）していれば自然妊娠も体外受精による妊娠も成功する確率は低くなる。妊孕性（妊娠のしやすさ）の低下である。ここには，発展した生殖補助医療においても解決できない問題がある。こうした問題について，医療関係者らはすでに認識していたはずである。しかし，日本は不妊について語られることが少ないばかりか，高齢出産の成功体験がテレビな

どで報道されることなどから，閉経していなければ当然自分も妊娠できるものと考えている人や射精できていれば妊娠させられるものと考えている人が多いということも今日顕在化している。この点からも，生殖を含む自分のからだについての理解は重要である。

2．生殖補助医療の現在

　検査により不妊と診断された場合，生殖補助医療（ART：Assisted Reproductive Technology），いわゆる不妊治療を受けるかどうか選択することになる。生殖補助医療とは，不妊症のカップルで自然な性交によらず精子と卵子を受精させて，妊娠に導く医療技術である。ARTには，体外受精−胚移植，顕微授精，凍結胚移植などが含まれる。

　自分たちにはどのような選択肢があるのか，そのデメリットや副作用は何かなどを医師に確認しながら判断し，選択する必要がある。

卵子の凍結保存

　がんの治療などで卵子に障害が起きるおそれのある女性に対しては，その治療前に未受精の卵子を凍結保存することが試みられているが，近時，卵子の老化（劣化）への心配から卵子を凍結保存したいと考える若い健康な独身女性の要求に応えるべく，独自に対応する医療機関も出てきている。生殖補助医療に関しては，このようにルールが決まらないうちに技術が広がっていく現状がある。こうした現状に日本生殖医学会は，将来の体外受精にそなえ健康な独身女性にも未受精の卵子を凍結保存するという生殖医療技術について認めるとする指針を出すにいたっている。今後，健康な独身女性の未受精卵の凍結保存希望は増えていくかもしれない。しかし，卵巣に針を刺し卵子を体外に採取するため，そこにはメリットだけではなく，デメリットもある。さらに，凍結した卵子を解凍して体外受精をしても100％の成功率ではない。しかも，若いときの卵子でのちに高齢出産をすれば年齢的な出産時のリスクがある。保存した卵子の取り違えなどの危険もある。こうした情報を含め，

第8章　不妊と生殖補助医療　　103

十分に知識を得たうえでの選択が必要である。

不妊治療費の公的な支援

　不妊を病気として扱い，国の保険で治療費をまかなう国もあるなか，日本では排卵誘発法などの一部の治療法にしか保険が適応されず，かかる費用は自費で，生殖補助医療・不妊に関する産業は巨大産業へと成長してきた。体外受精や顕微授精の治療費は1回あたり30万〜50万円ほどで，しかも，初回で成功するとは限らず，繰り返し実施することが多い。生殖補助医療を受けるには多額の費用を要し，実際にかかった費用に対しては特定不妊治療助成制度を利用するなどしていた。あるいは，その経済的負担から治療を断念する人もいた。

　こうした状況に対し，2022年4月に，これまで保険適用外だった体外受精や顕微授精などの治療に健康保険の適用が認められることになった。しかし，無条件で保険適用されるものではなく，不妊治療開始時の女性の年齢が43歳未満であることや回数制限があるなどの要件がある。また，保険適用となったことで特定不妊治療助成制度が廃止になり，金額によっては以前よりも負担が大きくなってしまう可能性がある。

　対象も法律婚だけでなく婚姻関係のない事実婚にも治療だけでなくその費用を助成しようという動きがある。このように，婚姻関係による要件は拡大される傾向にあるが，年齢制限や回数制限などがあり，助成の対象範囲の見直しが行われているものの助成は十分とはいえず経済的負担はなお大きい。そこで各自治体も助成をしているが，その要件も金額もさまざまである。健康保険組合で独自の助成を行っている企業もある。2016年には民間の保険運用が許可され，民間保険での治療費保障も発売された。相談窓口としては，日本では不妊専門相談センターを設置しているが，その多くが治療を前提とするものであり，不妊をどのように受けとめ，不妊治療以外の選択をも視野に入れたカウンセリングを受けられる場所が少ない。助成と相談体制を万全にする必要がある。生殖補助医療は進歩したが，技術の公平な使用はまだ不可能である。進歩が伝えられ，期待をもたされてはいるが，治療を受けたす

べての人が成功するわけではない。身体を傷つけ，金銭と歳月を費やすため，多くの人が傷つき，悩んでもいる。生殖補助医療の進歩と成功の報道は，子どもをもちたいと思う人に希望を与えると同時に，産めない人や産まない人にますます心理的圧迫をかけている側面についての認識も重要である。

第三者が関与する生殖補助医療

　さらに，生殖補助医療には，第三者が関与するものもある。第三者の関与する生殖補助医療としては，提供卵子や提供精子を用いる方法，代理母出産などがある。日本では生殖補助医療に関する法律が未整備で，日本産科婦人科学会の会告で行為を規制している状態である。第三者の提供精子による人工授精は70年以上前から行われているが，提供精子による体外受精，卵子提供，代理母出産については認めていない。そのため，海外で提供卵子による生殖補助医療を受ける人が増えている。日本においても代理母出産は実施されており，娘に代わり母親が代理母となるケースもある。海外の代理母に依頼し出産をする人もいる。依頼者は，より経費が少なくてすむ国を選び，そこでの女性たちは生活苦から代理母を請け負うという構図となっている。

　精子や卵子の提供者は，遺伝的には親であっても法的には親とならない。日本の場合，出産した人が母であり，その配偶者が父となるといった戸籍の問題も残されている。

3. 生殖補助医療とそこにある問題

　親とは誰をさすのか，「リプロダクティブ・ライツ」や「家族を形成する権利」，生まれてくる「胎児・子どもの権利」「出自を知る権利」の問題をどのように考えるかといった問題がここにはある。不妊治療を選択しない場合でも，子どもの養育を希望するのであれば，養子を迎えるという方法もある。

　しかし，日本では条件の厳しさや待機期間の長さなどから治療をやめ養子を迎えるという選択を阻んでいる問題もある。近年では，インターネットで養子縁組の申し込みができる民間機関も出てきており，待機期間が短く面接

回数も少なくすむという。子どもの人生を決めかねない仲介がどうあるべきか考える必要もある。

　すでに述べたように，「産む」「産まない」「産めない」といった出産をめぐる状況は，近年，その医療技術も含めさまざまな変化が見られる。それは決して女性だけの問題ではなく，特に「産めない」ことをどう考え，受けとめていくのか，パートナー間で十分話しあいながら，選択していく必要がある。妊娠・出産は，きわめて個人的なことのように思われるが，実際は少子化対策といった社会的状況と無関係ではなく，生殖補助医療もまたそのなかにある。なぜ「血のつながった」子どもを産むことにこだわるのか，子を育てたいのであれば養子ではいけないのかなど，私たちが生きる日本の社会状況と照らし合わせて考えるべき課題は多い。

（小林由美）

第9章

性感染症の予防と私たちの暮らし

性感染症の予防について，正しい知識を得て，適切な行動をとれるようになる。
予防行動だけではなく，知識を得ることをとおして差別を排し，自ら適切な行動をとる意欲を育む。
HIV／AIDSとともに生きる私たちの社会について考える。

「性感染症」「コンドーム使用法」「HPVワクチン」「HIV／AIDS」「U=U」「プレップ（PrEP）」

1. 性感染症の基礎知識

　性感染症とは，性的な接触により感染する疾患の総称で，STI（Sexual Transmitted Infection）またはSTD（Sexual Transmitted Diseases）という。性感染症の多くは性的行為による接触感染であり，膣性交，口腔性交，肛門性交などの性的接触によって病原体を含む体液（精液，膣分泌液，血液など）が粘膜や傷口に直接触れることにより感染する。厚生労働省は，性感染症に関する特定感染症予防指針により，表1の五つの性感染症について定点医療機関の発生状況を指定期間ごとに収集している。近年の報告数によると，梅毒の報告者数が増加しており，特に20歳代女性の報告数の増加が指摘されている。

　性感染症には免疫性はないことから，パートナー間で繰り返し感染が起きることもあるため，パートナーを含めた治療が必要になる。また，性感染症の特徴として，無症状の疾患もあることから，感染したことに気づかないまま感染が広がるため，適切な予防および早期発見・早期治療が大切である。一般的には，男性より女性のほうが症状に気づきにくいといわれており，不妊症の原因や出産時に母子感染が起こる場合もある。性感染症を放置してお

表1　性別に見た性感染症（STD）定点あたり報告数の年次推移

		定点報告												全数報告		
	定点医療機関数	性器クラミジア感染症			性器ヘルペスウイルス感染症			尖圭コンジローマ			淋菌感染症			梅毒		
		総数	男	女	総数	男	女	総数	男	女	総数	男	女	総数	男	女
2008年	971	28,398	12,401	15,997	8,292	3,383	4,909	5,919	3,357	2,562	10,218	8,203	2,015	827	615	212
2009年	961	26,045	11,845	14,200	7,760	3,078	4,682	5,270	2,981	2,289	9,285	7,358	1,927	691	523	168
2010年	965	26,315	12,428	13,887	8,420	3,272	5,148	5,252	3,014	2,238	10,327	8,453	1,874	621	497	124
2011年	967	25,682	11,736	13,946	8,240	3,292	4,948	5,219	2,987	2,232	10,247	8,076	2,171	827	650	177
2012年	971	24,530	11,470	13,060	8,637	3,399	5,238	5,467	3,120	2,347	9,248	7,307	1,941	875	692	183
2013年	974	25,606	12,369	13,237	8,778	3,493	5,285	5,743	3,356	2,387	9,488	7,591	1,897	1,228	993	235
2014年	975	24,960	11,936	13,024	8,653	3,293	5,360	5,687	3,345	2,342	9,805	7,710	2,095	1,661	1,284	377
2015年	980	24,450	11,670	12,780	8,974	3,540	5,434	5,806	3,589	2,217	8,698	6,905	1,793	2,690	1,930	760
2016年	985	24,397	11,724	12,673	9,298	3,743	5,555	5,734	3,666	2,068	8,298	6,654	1,644	4,575	3,189	1,386
2017年	988	24,825	12,072	12,753	9,308	3,694	5,614	5,437	3,382	2,055	8,107	6,459	1,648	5,826	3,931	1,895
2018年	984	25,467	12,346	13,121	9,129	3,585	5,544	5,609	3,584	2,025	8,125	6,378	1,747	7,007	4,591	2,416
2019年	983	27,221	13,947	13,274	9,413	3,520	5,893	6,263	4,113	2,150	8,205	6,467	1,738	6,642	4,387	2,255
2020年	981	28,381	14,712	13,669	9,000	3,324	5,676	5,685	3,587	2,098	8,474	6,718	1,756	5,867	3,902	1,965
2021年	983	30,003	15,458	14,545	8,981	3,387	5,594	5,602	3,524	2,078	10,399	8,097	2,302	7,978	5,261	2,717
2022年	983	30,136	15,578	14,558	8,705	3,342	5,363	5,979	3,950	2,029	9,993	7,733	2,260	13,221	8,701	4,519

出典）厚生労働省「感染症発生動向調査」（2023年）より作成。

くと，他の性感染症やHIV感染の感受性が高まることから注意が必要である。

2．主な性感染症

1）性器クラミジア感染症：日本で最も多い性感染症。若年世代に多い。次の項で詳しく述べる。

2）性器ヘルペスウイルス感染症：2〜21日の潜伏期ののち，外性器や顔や上半身に疼痛をともなう小泡状潰瘍ができる。ヘルペスと同類だが型が異なるウイルスにより性行為で感染する。2〜3週間で消退し潜伏期に入り，再発を繰り返す。無症状の場合もある。

3）尖圭コンジローマ：感染後数か月たって，性器周辺に淡紅色褐色の乳頭状のイボや鶏のとさかのような腫瘍ができる。発症までの潜伏期間も長く，自覚症状も少ないが，おりものの増量，かゆみなどもある。気づかないまま感染していることが多い。

4）淋菌感染症：男性は2〜9日後頃に強い排尿痛と膿性分泌物をともない発症する。女性は子宮頸管の感染により，膿性分泌物を生じる。不妊症の原因となる。のどの奥や直腸からも感染する。約半数は自覚症状がないため，パートナーへの感染を広めてしまう。クラミジアに次いで陽性

率の高い性感染症である。

5）梅毒：約3週間の潜伏期ののち，鼠径部（下腹部が足に接する内側）リンパ節がはれるなど特有の症状はあるが，2〜3週間で消失するため，感染に気づかぬまま長年放置されることもある。3か月程度で全身に感染が広がり，数年〜数十年の間に，髄膜炎や進行性麻痺，進行性認知症などを引き起こすこともある。若年者に増えているといわれ，次の項で詳しく説明する。

3. 若者に流行している身近な性感染症

性器クラミジア感染症

　日本では減少傾向にあるものの感染者数の最も多い性感染症である。クラミジア・トラコマチスにより起こる病気で，感染しても症状が出ないか，または症状が軽いため感染に気がつかないことがよくある。潜伏期間は1〜4週間で，病原体は喉，直腸，尿からも検出されるため，膣，尿道，口，肛門を使う性的行為に注意が必要である。検査は尿や分泌物，おりものを採取し，遺伝子学的検査や培養検査を用いて診断する。血液によってクラミジア抗体を調べる検査では，過去に感染してすでに治癒している人も陽性となる場合がある。病気が進行すると不妊症や母子感染などの原因になるため，感染したら必ず医療機関を受診して最後までしっかり治療することが大切である。

梅　毒

　梅毒は梅毒トレポネーマという病原菌がもとになって起こる性感染症で，何年もかかって病気が進行する。梅毒は昔の病気と考えがちだが，現在も日本では異性間の性的接触により20代の女性で急増している性感染症である。主な感染経路は，感染者との粘膜の接触をともなう性的行為による直接接触で，感染後約3週間から3か月までの初期には感染が起きた部位（性器，口唇・口腔内，肛門等）にしこりや潰瘍ができることがあるが，痛みがないことも多く，

第9章　性感染症の予防と私たちの暮らし　109

図1　東京都における梅毒の年別患者報告者数

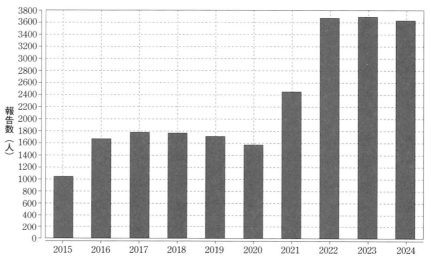

出典）東京都感染症情報センターHPより抜粋（http://idsc.tokyo-eiken.go.jp/diseases/syphilis/syphilis/）。

治療をしなくてもこの症状は自然によくなる。しかし，抗菌薬で治療しないかぎり梅毒トレポネーマは体内に残っていて，梅毒が治るわけではないため，ほかの人にうつす可能性がある。感染後に適切な治療を受けられなかった場合，数年後に複数の臓器の障害につながることがあるため早期治療が重要である。梅毒に感染したかどうかは医師による診察と，血液検査（抗体検査）で判断する。最初の数週間は抗体検査をしても陽性反応が出ないことがあるため，感染の可能性のある行為から約3週間をおいて検査を受ける必要がある。梅毒は，早期の薬物治療で完治が可能である。免疫はできないことから，完治しても感染を繰り返すことがあるため，再感染の予防が必要である。

4．相談と検査

　性感染症の多くは症状がほとんどなく，感染しているかどうかは自分では気づくことができないため，感染の有無を知るには検査を受ける必要がある。性感染症の検査は病院やクリニックで受けることができる。また，地域によ

っては保健所で無料・匿名で性感染症（HIV・AIDSを含む）の検査を受けられるところもある。

　性感染症にかかると，感染経路となる自分の性的行動を非難されるのではないかといったイメージがつきまとうことから，「相談しづらい」とか「隠したい」「結果を知るのが怖い」といった気持ちになり，検査を受けることを躊躇する人が多いことも知られている。性感染症の検査を受けるか受けないかを決めるのは自分の判断によるが，「もしかしたら……」と感じる「その日」のために，セックスや性感染症について本音で相談できる人や場所を探しておくことはとても大切である。

5．HPV（ヒトパピローマウイルス）

　国立がん研究センター「がん情報サービス」によると，日本における子宮頸がんの罹患率および死亡率は増加傾向にあり，特に20歳代から30歳代において増加している。子宮頸がんは，主にヒトパピローマウイルス（HPV）の感染が原因で引き起こされる。HPVは，皮膚や粘膜に感染するウイルスで，100種類以上の型があり，そのうち，性的接触によって広がる特定の型が子宮頸がんの発生に関与している。子宮頸がんは，HPVワクチンの予防接種および20歳からの子宮頸がん検診の定期受診を受けることで，予防ならびに早期発見・早期対応ができる。

　日本におけるHPVワクチン接種は，子宮頸がん予防のための重要な公衆衛生施策として始まり，2010年に公費助成が開始され，2013年には中学1年生の女子を対象とする定期接種として導入された。しかし，2013年に接種後の副反応として疼痛や体調不良を訴える事例が報告されたため，厚生労働省は積極的な接種勧奨を一時中止した。この決定により，接種率は急激に低下し，当初70％以上あった接種率が1％未満にまで落ち込んだ。これを受け，特定の自治体や団体がワクチンの安全性に関する調査を始めた。

　HPVワクチン接種率低下の要因を改善するために名古屋市が行った大規模な疫学調査（名古屋スタディ）は，HPVワクチン接種後に報告された症状と

第9章　性感染症の予防と私たちの暮らし　　**111**

ワクチンの因果関係を科学的に検証することを目的として行われ，その結果，ワクチン接種者と非接種者の間で接種後の症状の発生率に有意な差がないことを示し，ワクチン接種と報告された症状の間に直接的な因果関係がないことを明確にしている。この結果を受けて，2021年には厚生労働省がHPVワクチン接種の積極的な勧奨を再開することを決定した。

勧奨再開後も，HPVワクチン接種率の回復には時間がかかっており，過去の副反応報道による不安や誤解が接種への抵抗感を残している。2022年には「キャッチアップ接種」制度が導入され，1997年度から2005年度生まれの女性を対象に，定期接種の機会を逃した世代への救済措置がとられることになった。このキャッチアップ接種は2022年4月から2026年3月まで実施され，過去に接種を受けていなかった女性が無料でワクチンを接種できるようになった。さらに，2023年4月には，9価HPVワクチン（ガーダシル9）も定期接種の選択肢に加わった。このワクチンは，従来の4価ワクチンに加えて，より多くのHPV型に対応しているため予防効果が拡大している。

過去の副反応に関する報道や，それにもとづく保護者や若者の不安は依然として根強く残っており，接種率の回復を妨げていることから，医療従事者や教育現場における正確な情報提供や，ワクチン接種後のフォローアップ体制の強化など，社会全体での理解促進が求められている。くわえて，国際的には男性へのHPVワクチン接種も広まりつつある。日本でもその必要性が議論されており，2024年10月時点で，複数の自治体が男性に対するHPVワクチン接種の費用を公費助成している。HPVは男性にも感染し，喉頭がんや肛門がんなどのリスクを増加させるため，性別を問わず接種を推進することが望まれている。

6. HIV／AIDS と私たちの暮らし

世界と日本の動向

1970年代半ば，アフリカの風土病とされていた病が内戦による難民の増

加や交通機関の発達にともない拡大していった。1980年代に入ると，欧米やラテンアメリカにおいて男性と性的接触のある男性に流行しはじめ，1981年にアメリカで初のエイズ患者が報告された。当時の日本では，非加熱輸入血液製剤により血友病患者に感染が広がり，1985年7月に加熱製剤が承認されるまでの間に多くの人がHIVに感染した。

　国連合同エイズ計画（UNAIDS）のファクトシート2023によると，2022年に世界のHIV感染者数は3900万人，2022年中の新たな感染数は130万人，同年のエイズ死亡者数は63万人とされている。新規HIV感染者は，1995年のピークから59ポイント減少した。地域別の感染者数では東部および南部アフリカが2080万人と最も多く，第2位の西部および中央アフリカの480万人を大きく上回っている。

　日本国内の状況を見ると，2022年エイズ発生動向（厚生労働省エイズ動向委員会）によれば，新規HIV感染者数は632件，AIDS患者数は252件であり，両者を合わせた新規報告件数は884件であった。2022年末の時点で，累計報告件数（凝固因子製剤による感染例を除く）は，HIV感染者数が2万3863件，AIDS患者数が1万558件で計3万4421件となっている。図2，図3に示すグラフは，2022年に報告されたエイズ発生動向のうち，HIV感染者およびAIDS患者の感染経路別内訳である。日本国内では性的接触による感染が多く，特に同性間の性的接触はHIV感染者70.1%，AIDS患者50.4%とともに最も多くなっている。年齢別報告件数では，新規HIV感染者は30歳代が最も多く，次いで20歳代，40歳代と続いている。HIV感染症の予後については，抗HIV薬による治療の進歩により健康状態を長く維持することが可能になり，それにともない当事者の高齢化も進んでおり，加齢による合併症や介護の問題も今後増えてくることが考えられる。

もしかしたら……と思ったら

　検　査　HIV感染症は，感染しても症状がほとんどなく（無症候期），感染しているかどうかは血液検査を受けなければ知ることはできない。HIV検査は，血液中にHIVに対する抗体があるかどうかを調べる「抗体検査」，HIV

第9章　性感染症の予防と私たちの暮らし　113

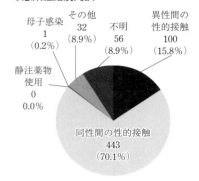
図2 2022年に報告された新規HIV感染者の感染経路別内訳

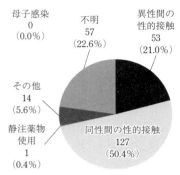
図3 2022年に報告された新規エイズ患者の感染経路別内訳

出典）厚生労働省エイズ動向委員会「令和4（2022）年エイズ発生動向」。

を形作るタンパク質を調べる「抗原検査」，抗体と抗原が同時に測定できる「抗原抗体同時検査」がある。

　検査は，まず「スクリーニング検査（ふるい分けのための検査）」を行い，陰性（－）であればHIVに感染していないことになる。一方，陽性になった場合は，引き続き「確認検査」へと進む。確認検査の結果が陽性（＋）であれば「HIVに感染している」，陰性であれは「HIVに感染していない（スクリーニング検査の偽陽性）」ということになる。スクリーニング検査の陽性のなかには，HIV感染による「真の陽性」と，HIVに感染していないのに陽性となる「偽陽性」が含まれているため，確認検査は必ず行わなければならない（図4）。

　通常，抗原抗体検査は，結果が出るまでに1週間程度待つことになるが，迅速検査では採血後1時間以内に結果を得ることができる。しかし，迅速検査は他のスクリーニングに比べると偽陽性率が高いことが問題となっている。スクリーニング検査の偽陽性率は，抗体検査で0.3％，迅速検査では0.5～1％程度といわれている。

　検査は，地域の保健所や保健センターおよび病院などで受けることができる。保健所では，名前や住所を知らせず無料で検査を受けることができるが，病院などで検査を受ける場合は，名前や住所を記載する必要があり，検査費用は有料となる。保健所，NPOなどの民間団体のエイズ電話相談窓口では，

図４　HIV検査の流れ

> スクリーニング検査：HIVに感染している可能性があるかないかをふるい分ける検査
> 確認検査　　　　　：スクリーニングけんさで陽性となった時，その反応が本当にHIV
> 　　　　　　　　　　によるものかを確認するための検査

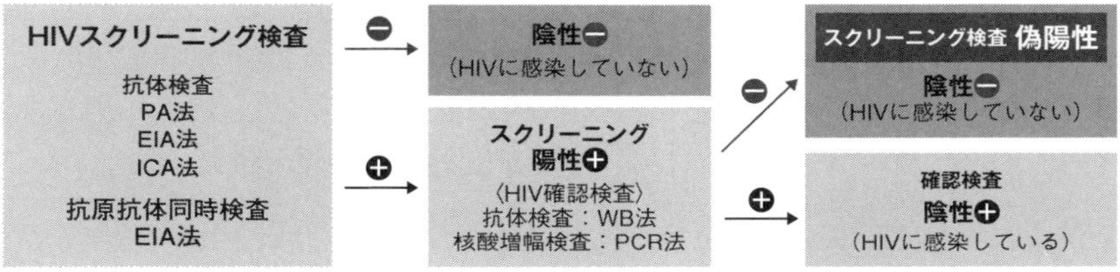

HIVスクリーニング検査
抗体検査
PA法
EIA法
ICA法
抗原抗体同時検査
EIA法

— → **陰性** −
（HIVに感染していない）

＋ → **スクリーニング 陽性** ＋
〈HIV確認検査〉
抗体検査：WB法
核酸増幅検査：PCR法

スクリーニング検査 偽陽性
— → **陰性** −
（HIVに感染していない）

＋ → **確認検査 陽性** ＋
（HIVに感染している）

出典）ウェブサイト「HIV検査・相談マップ」（https://www.hivkensa.com）。

自分が感染しているかもしれないといった不安や，HIV／AIDSに関する正しい知識について，さまざまな相談に応じている。

　ウインドウ・ピリオド　HIVに感染してから一定の期間，感染していることを検査では調べることができない時期があり，この期間を「ウインドウ期（ウインドウ・ピリオド）」と呼んでいる。感染のおよそ４週間後から血液中にHIVが体内に入ったことを示す抗体がつくられ，血液検査により検出できるようになる（図５）。したがって，感染してからしばらくの間は，検査をしても陰性となる期間があるため，検査を受ける際にはこれらを考慮する必要がある。ちなみに，東京都内の保健所等で検査を受ける場合には，感染の可能性のあった出来事から数えて，抗原抗体検査では60日，抗体検査では90日をウインドウ・ピリオドとしている（2024年9月現在）。

診断と治療

　感染初期　HIV陽性であることをなるべく早い時期に知ることは，自分の健康管理と早期治療でエイズの発病を遅らせるために有効なことである。また，ほかの感染症の治療や，HIV感染症そのものに対する治療を適切に行えば，ほとんどの人が健康を取り戻すことができ，他の慢性疾患と変わらず自分らしい生活を継続していくことができる。しかし，HIV陽性の告知を受けたばかりの人にとっては，不安や戸惑いから結果を冷静に受けとめることが

図5 HIV感染とウイルスマーカー

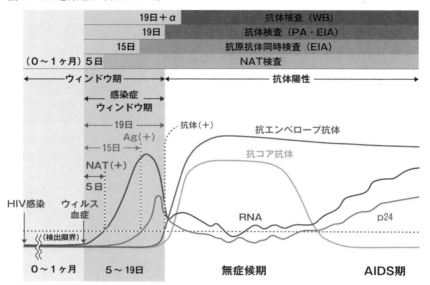

出典）ウェブサイト「HIV検査・相談マップ」（https://www.hivkensa.com）。

難しい場合も考えられるので、告知直後の精神的負担を軽減できるよう、できるだけ早く治療経験の豊富な専門医や信頼できる機関に相談することが有益であるといえる。また、病気を正しく理解し、ゆっくりと考える時間をもつことが第一であって、当事者にとって不利益になるような周囲への告知を押しつけられる（押しつける）ことのないよう注意したい。

　治　療　受診してもすぐに服薬が始まるわけではなく、検査結果や体調に応じて主治医と相談しながら治療が進められる。病院では、定期的に血液中のCD4陽性リンパ球数やウイルスの量（HIV-RNA量）を検査し、免疫の状態を確認するとともに日和見感染症や合併症に関するチェックも同時に行って、抗HIV薬による治療開始の時期を決めることになる。

　CD4陽性リンパ球とは、HIVが破壊するリンパ球のことで、このリンパ球数を調べることでその人の免疫がどの程度低下しているかの目安となる。一方、ウイルス量（HIV-RNA量）とは、血中のHIVのウイルス量を示し、この数値が高いほど病気の進行が早い傾向があるといわれており、抗HIV薬に

よる治療の効果を確認するための重要な検査となる（今村顕史『知りたいことがここにある　HIV感染症診療マネジメント』医療ジャーナル社，2013年，28頁）。

　治療には，抗HIV薬を組み合わせて使う抗HIV療法が行われている。現在，HIV感染症を治癒させることはできないものの，ウイルス量を測定できないほど低値に抑えることができるほどになった。

U=U

　U=U（Undetectable=Untransmittable）とは，HIVに感染している人が適切な抗HIV治療を受けることで，血液中のHIV量が検出限界値未満（Undetectable）のレベルに継続的に抑えられている場合，性的接触等によってほかの人にHIVが感染することはない（Untransmittable）状態となることを意味する言葉である。

　HIV陽性者のなかには「パートナーや家族にHIVを感染させてしまうのではないか」と心配しながら日常生活を送っている人がいる。「U=U」やその言葉の意味が広く社会に認知されることで，長い歴史のなかでつくられてきたHIV陽性者に対する偏見や差別（スティグマ）を少なくすることが期待されている。しかし，適切な治療によりウイルス量が検出限界値未満になっても，HIV以外の性感染症や意図しない妊娠を防ぐことはできないため，コンドームの使用が性の健康に大変重要であることを忘れてはいけない。

PrEP

　プレップ（PrEP）とは「暴露前予防内服（Pre-Exposure Prophylaxis）」の略語である。これは，HIVに感染していない人が性的接触の前後に専用の薬を服用することによって，HIVに感染するのを予防する方法のことである。決められたとおりに薬を飲むことで，性的接触によるHIV感染の可能性を低下させる効果が期待できる。

　近年，世界の国々でプレップが行われるようになり，2024年に日本でもHIVの予防薬としてツルバダ配合錠が承認された。世界的には，2012年から使用されていたが，日本ではHIV治療のみに使用されていたため，この承認

は大きな一歩となった。しかし，承認されたとはいえ，日本の国民健康保険制度ではまだ保険適用が認められていないことから，経済的負担を軽減することでプレップを必要とする人がアクセスしやすい環境を整えることは今後の課題であるといえる。

　プレップを始めるにあたっては，HIV検査が陰性であること，そのほかの性感染症の有無，副作用などについてクリニックや病院で診療を受けることが必要になる。プレップに使われる薬は，HIV の治療薬だが，この薬だけで HIV の治療をすることはできない。もし，プレップをしている間にHIVに感染した場合は，ただちに診療を受けているクリニックや病院で担当医に相談し，服薬を中断する必要がある。プレップを行うことで，HIV感染の可能性を下げることはできるが，クラミジア，淋菌感染症，梅毒などの性感染症の予防はできない。性的接触（セックスなど）のときには，引き続きコンドームを使用することが望ましい。

社会制度

　抗HIV療法は，薬代だけでも１か月約５万〜６万円（保険診療で自己負担３割の場合）かかることから，高額な医療費が経済的負担とならないよう，さまざまな社会制度が設けられている。以下にあげる制度等は代表的なもので，ほかにも医療費の自己負担軽減や福祉サービスなどがあり，メディカルソーシャルワーカー（MSW）や看護師が対応をしている。

　身体障害者手帳　免疫機能の低下に応じて「ヒト免疫不全ウイルスによる免疫の機能障害」（１〜４級）として認定される。手帳を取得すると，等級（障害の程度）に応じて，「心身障害者医療費助成」「自立支援医療（更生医療）」など，さまざまな福祉サービスを受けることができる。相談は，区市町村の障害福祉担当課等で行っている。

　高額療養費　１か月の保険診療医療費が高額になったとき，支払った医療費（入院時の食事にかかる自己負担額・差額室料を除く）のうち自己負担額を超えた分が健康保険から払い戻される。自己負担限度額は，前年度の所得によって決まる。相談は，病院の医事課担当者およびMSW，健康保険組合が行っ

パート２　性と健康・からだと生殖の権利

ている。

自立支援医療　身体障害者手帳を交付されている人が，その状態の改善のために治療を受ける場合に，治療費の健康保険自己負担分について助成を受けることができる。「ヒト免疫不全ウイルスによる免疫の機能障害」の投薬治療はこの制度の対象となる。相談は，区市町村の障害福祉担当課等で行っている。

傷病手当金　療養のために仕事を欠勤し給料が出ない場合に，支給開始から最長1年6か月間は会社員が加入している健康保険から，標準報酬日額の3分の2に相当する額が支払われる制度である。社会保険事務所や会社の健康保険組合で相談できる。

障害基礎年金　年金加入者で，心身に障害のある人が受け取れる年金のことで，受給条件を満たしていれば，若い人でも受け取ることができる。認定の条件等については国民年金課，もしくは社会保険事務所が問い合わせに応じてくれる。

生活保護　憲法25条にもとづく生活保障で，資産や能力等すべてを活用してもなお生活に困窮する人に対し，困窮の程度に応じて必要な保護を行い，健康で文化的な最低限度の生活を保障し，その自立を助長する制度である。収入が最低生活費を下回る場合，その不足分が支給される。相談は，福祉事務所が行っている。

陽性者の暮らしと就労

　生島嗣らは「このこと（抗HIV療法）はHIV陽性者の生活を劇的に変化させた。亡くなる人が激減し，これまでの生活を長期にわたり続けることができるようになった。しかし，市民には，この医療の進歩は，具体的なイメージを持って伝わってはいない。その理由の一つには，HIVとともに暮らす人々の姿が見えにくいことがあげられる。それは，不利益を被るのをさけるため，陽性者がその事実を周囲に伝えるのを躊躇してしまうことに起因する。社会の環境が彼ら／彼女らを黙らせ，その姿を見えにくいものにしているのだ」としている（地域におけるHIV陽性者等支援のための研究「HIV／エイズとともに生き

第9章　性感染症の予防と私たちの暮らし　119

る人々の仕事／くらし／社会」研究代表者・生島嗣／研究分担者・若林チロ）。同研究班では，2008年に全国のエイズ治療専門病院に通院するHIV陽性者1203名を対象に無記名調査を行っている。その結果，「HIV陽性者のうち，働いている人」の割合は73%であり，「働くHIV陽性者のうち，職場の誰かに病名を伝えている人」の割合は26%であった。HIV陽性者の多くは健康状態を保ちつつ就労しているものの，職場では自分の病気について話せていない現状があった。

　性感染症であることや男性同性間に陽性者の割合が多いことなどを理由に，一部の人たちの病気であるといった誤った思いこみや差別意識は私たちの社会に根強く残っている。しかし，周匹への告知をしていなくても同僚や同級生のなかに当事者がいることを忘れてはならない。教師として教育に情熱を注いでいる人もいるし，スポーツで一緒に汗を流している人もいる。陽性者とそうでない者は同じ社会のなかでともに暮らしているのである。「職域におけるHIV対策法令・ガイドラインの現状と新たなHIV検査体制構築のための今後の法令等の在り方に関する研究」（増田将史:令和4年度厚生労働厚生労働科学研究費補助金［エイズ対策政策研究事業］分担研究報告書）では，治療と職業生活の両立支援の取り組みにはHIVを含むあらゆる疾病の正しい知識の普及，啓発が不可欠であり，職場で支援が必要なHIV陽性者を不可視化して隠すのを最優先とするのではなく，時間をかけて徐々に可視化して共存していく方針への転換を図っていくべきであるとしている。病状に応じて療養中心の生活をしている人もいれば，これまでどおりの暮らしをしている人もいる。こうした人々が自分らしく充実した生活を送るためにも，自らの病や障害を職場や地域社会のなかで，当事者が望めば安心して自己開示することができる社会をめざしたい。

（丸井淑美）

パート3

性と人間・社会との関係

第10章

性と暴力

目標　性の権利は人間の尊厳にかかわる大切な権利であり，性暴力は人間の尊厳を奪う行為だということを理解する。
性の問題を学び，すべての人がよりよく生きる社会をつくる。

キーワード　「グルーミング」「権力構造の不均衡」「あなたは悪くない」「性犯罪規定の法改正」「不同意性交罪」「No Means No」「日本軍「慰安婦」」「沖縄の米兵による性暴力」

1．性暴力は身近なところに

　性暴力とは同意のないなかで行われるすべての性的言動をさす言葉だ。自分自身が望んでいないのに，性的な言葉をかけられたり，性的な行為をされることは，すべて性暴力といえる。そう考えると，私たちは多かれ少なかれ，性暴力を受けてきたことがあるのでないだろうか。

　性暴力被害者は，「その程度のことくらいで」と被害を軽く見る言葉や，「夜遅く歩いているから」「そんな挑発的な服装をしているから」といった，被害者に落ち度があるかのような言葉を投げかけられることが少なくない。被害者が性暴力被害によって受ける痛みや苦しみは他人が簡単に想像できるものではない。また，被害に遭った人は自分を責めがちだが，被害に遭うのは自分が悪いのではなく，絶対的に加害者に非があるのだと知っておいてほしい。

　2022年7月から8月にかけて国際連合本部で，「あなたは何を着ていましたか？」という題名の展示が行われ，性暴力被害者が被害を受けたときに身につけていた洋服が展示された。この展示の題名こそが，性暴力被害者が投げかけられてきた言葉なのだ。この言葉によって，どれだけ性暴力被害者が沈黙を強いられ，自分を責めてきただろう。この展示は，責められるべきは被害者ではなく加害者なのだということを訴えかけている。

122　　パート3　性と人間・社会との関係

実際，加害者は着ている服装で判断したり，夜間をねらって加害行為を行うわけではない。また性欲やストレスが原因でもない。加害者はそもそも自分が加害をした相手に人格があるなどと考えていないのが大半だ。自分より弱いと思った存在に対しての支配欲が根底にあるからなのだ。学校などで，男子同士がズボンを脱がせたりする場面に出くわしたことはあるだろう。これもよく，「からかい」とか「ふざけて」という言葉でごまかされるが，男子のなかでの権力構造の不均衡から起こる性暴力といえる。性暴力は圧倒的に力の不均衡から生まれるのだ。

子どもが被害者に

　2023年の政府の調査によると，若年層（16〜24歳）のうち，4人に1人以上（26.4％）が何らかの性暴力被害に遭い，若年層の4.1％（女性4.7％，男性2.1％）は，性交をともなう被害に遭っているという現実がある。性交をともなう性暴力被害の経験のある若年層では16〜24歳が最も多く，12歳以下も10％を超えている（内閣府「こども・若者の性被害に関する状況等について」）。特に子どもが被害者となるケースは増加傾向にある。2022年，ジャニーズ事務所の性暴力問題が社会全体に大きな衝撃を与えた。これまで女児が性暴力に遭っても，男児にはそういう問題はないとされてきたが，実は見えないようにさせられていただけといえる。

　子どもの性被害の場合，教師や塾の先生など信頼している人からの場合が多く，グルーミングといって子どもと信頼関係を築いたうえで，それを利用しててなずけ，性暴力に及ぶ場合が多くある。そして，このグルーミングによって，「ついていった自分が悪かった」「優しくしてもらった」「恋愛だった」と自分が同意したように思いこまされたり，男児は被害そのものを認識できなかったり，「恥ずかしくて親にもいえない」という思いから，被害の発見が遅れてしまう。子どもたちが被害を認識して訴えることは容易ではない状況で，子どもの性被害のなかでも男児の性被害が社会問題として捉えられることが少なかったのだ。そして，この知り合いによる性暴力というのは子どもだけではなくおとなの場合にも共通している。加害者はまったく知ら

第10章　性と暴力　　123

ない人よりも知り合いが多いことが統計からもわかってきた。また加害者の立場については，自分より上位にいる人が60％となっている（男女共同参画局「男女間における暴力に関する調査」2023年度）。

学校のなかでの教師による性暴力

2020年，中学3年から大学2年まで教員による性暴力を受けつづけた女性が損害賠償を求めていた裁判で，加害者に有罪判決が下された。この女性が裁判を起こした相手は中学校の美術教師だった。美術が好きだった女性は教員に誘われ，美術展に行き，そこで腹痛を起こし，連れていかれた教員の自宅でいきなりこの教員からキスをされ，抱き締められた。そのときは何が起こったのかわからなかったそうだ。その後，高校に入ってからもたびたび呼び出され，上半身を裸にされるなどの性暴力を受けつづけた。「先生のことを疑わないし，先生が犯罪をするとは思ってなかった」と女性はいう。女性が性暴力だったと被害に気づいたのは20年もたってからのことだった。この女性が受けた加害の手口がまさにグルーミングだ。相手への信頼感やそんなことをするはずがないという思いが，自分が相手からされていることを性暴力だと気づきにくくさせる一因になっている。大学でも，学生がゼミの教授から意に沿わない飲酒の場につきあわされたり，指導という名目で研究室に呼び出され性関係を迫られるなどによって，大学生活を続けることが困難になったり，その後PTSDを発症するケースも起きている。

被害を受けたら

自分がいまされていること，もしくは過去にされたことがどういうことなのかを理解したり，向きあうことはとてもつらいことだ。人と触れ合うことに恐怖を感じたり，何かの折にフラッシュバックが起きたり，自分に非があったのではないかと考え込んだりしがちになるのは当然だろう。だから，無理に向きあうことよりも少しでも心身が落ち着けるような状況を探してみるのもいいかもしれない。また，少し余裕ができたら，この問題について本を読んだりして調べてみてもいいだろう。もし，誰かに聞いてもらいたいと思

ったら，信頼できる友人やワンストップ支援センターなどの専門機関に相談してみることも問題解決に踏み出す一歩として重要だ。しかし，一番大切なことは一人で抱え込まない。これに尽きるだろう。

被害を受けた人が身近にいたら

　自分の身近な人が性暴力を受けたとき，どんな声をかけるだろうか？　その人が話を聴いてほしいと打ち明けてくれたなら，まずは何もいわずに聴いてほしい。そして，「話してくれてありがとう」と声をかけてほしい。「なぜ抵抗しなかったの？」といった詰問をすることは絶対に避けよう。あなたに相談するまでこの被害者はどれほどつらい思いを一人で抱え込んでいたかということに思いをいたらせ，「あなたは悪くない」と伝えることが一番大切なことだ。被害を受けている人が声をあげるためにはそばにいてともに歩いてくれる伴走者が必要だ。あなたが伴走者なら，専門機関や病院を紹介したりできればいいかもしれない。しかし，その場合も被害者の意思を無視して，無理にそういったところにつなごうとしたりしないことが重要だ。また，相談を受けたあなた自身が精神的に追い込まれると，継続的な支援はできなくなる。あなた自身のケアをしながら，被害者に伴走してほしい。

2．不同意性交罪とは──No Means No

　2017年，2023年と2回にわたり，刑法性犯罪規定の改正が行われた。2017年の法改正は110年ぶりのことで，強姦罪の名前が強制性交等罪に変更され，男性被害も含まれるようになった。また親告罪規定の撤廃で被害届だけで操作が開始されるようになり，刑の下限も5年に引き上げ，18歳未満の者の監護者による性暴力の処罰も規定された。

　しかし，意に反する性行為を処罰する規定に関しては非常に高いハードルがあり，それが多くの被害者の泣き寝入りを引き起こしていた。これまでは，相手の意に反する性行為をしたという事実だけでは処罰されず，暴行・脅迫，心神喪失・抗拒不能という要件を満たさなければ罪に問えなかったのだ。

第10章　性と暴力　　125

2019年，四つの性犯罪事件が，これらの要件を満たしていないという理由で無罪になった。この判決に怒りをもった女性たちが，性暴力を許さない，被害を受けた人を一人にしないと花を持ち，語りはじめた。こうして始まったフラワーデモが全国に拡大し，改正を求める機運が盛り上がっていった。イギリスやカナダなど多くの国では「No Means No」，つまりNoという相手に無理やり性行為をすることを処罰する法改正が実現し，スウェーデンやデンマークなどでは「Yes Means Yes」，つまりYesといってない場合は相手の意思の確認がない性行為として処罰する法改正が行われている。国際水準に合わせて日本も法改正すべきと署名運動が始まるなどの結果，法改正が行われたのが2023年のことだ（表１）。

　相手が「同意しない意思」を形成・表明・まっとうすることが困難な状態にさせ，それに乗じて性交等を行うことが処罰対象になった。「同意しない意思を形成することが困難な状態」とは，アルコールや睡眠薬などの作用で性的行為をするかどうかの意思決定が難しい状態。「表明することが困難な状態」とは，恐怖などでフリーズして動けなくなってしまうなどの状態。「まっとうすることが困難な状態」とは，性的行為をしたくないといったのにそれを相手が無視して性行為をされてしまうなどの状態。そして，犯罪が成立する８類型を呈示したことにより，これまで起訴されず，罪に問われなかったことにおいても，処罰対象となることが明らかにされた。また，８類型の最後に，地位関係性を利用した性行為について規定されたことや性交同意年齢が13歳未満から16歳未満に引き上げられたことは大きな前進といえる。しかし，これがどのように運用されていくかはこれからの課題だ。

3．日本軍「慰安婦」

　私たちの社会では性暴力が起きつづけている。また，過去の戦争のなかでさまざまな性暴力が起きてきた事実も明らかになっている。暴力によって相手を組み伏せたほうが勝つのが戦争であり，戦争は暴力の肯定そのものだ。人類の戦争のなかで，敵国の女性がレイプされたり，戦利品のようにして連

表1　不同意の8類型

(1)	暴行もしくは脅迫を用いること，またはそれらを受けたこと
(2)	心身の障害を生じさせること，またはそれがあること
(3)	アルコールもしくは薬物を摂取させること，またはそれらの影響があること
(4)	睡眠その他の意識が明瞭でない状態にさせること，またはその状態にあること
(5)	同意しない意思を形成し，表明し，またはまっとうするいとまがないこと
(6)	予想と異なる事態に直面させて恐怖させ，もしくは驚愕させること，またはその事態に直面して恐怖し，もしくは驚愕していること
(7)	虐待に起因する心理的反応を生じさせること，またはそれがあること
(8)	経済的または社会的関係上の地位に基づく影響力によって受ける不利益を憂慮させること，またはそれを憂慮していること

れ去されることが頻繁に起きた。アジア太平洋戦争において，日本軍「慰安婦」といわれる女性たちがさまざまな自由を奪われ，日々兵士の性暴力にさらされていた。日本軍「慰安婦」問題についてネットで調べると，「金をもらっていた売春婦だった」「もう解決したこと」といった言葉を頻繁に目にする。これらの言葉は，日本軍「慰安婦」の真実を表しているとは言い難い。それどころか真実とはほど遠いねつ造が行われている。学校でこの問題にについて習ったことがない人が多いのも，日本軍「慰安婦」についての正しい知識が共有されていない日本社会の現実を表しているといえるだろう。この問題について考えてみよう。

日本軍「慰安婦」とは

　1991年8月金学順（キムハクスン）がはじめて日本軍「慰安婦」被害者として名乗り出たことを機に，フィリピン・中国・台湾・オランダ，インドネシアなどで被害者が次々と声を上げた。日本軍「慰安婦」制度とは，1932年の第一次上海事変から1945年に日本が敗戦するまでの間に日本軍が侵攻していったアジアの各地域に「慰安所」をつくり，女性たちに日本兵の性の相手を強制的にさせていた制度だ。軍が慰安所をつくった理由は，占領地で日本軍兵士による強姦事件が多発したことにある。日本軍は中国における反日感情の悪化をおそれ，慰安所の設置を指示した。また性病対策やストレス解消，機密保持の

第10章　性と暴力　　127

ためという理由もあった。いずれにしても兵士に戦争を遂行させるために女性のからだを利用しようという非人間的な制度を日本軍が組織的につくったという事実を忘れることはできない。

　日本国内からも性売買をさせられていた女性たちが連れていかれたが，植民地からは性病に罹患（りかん）していない性体験のない10代の女性たちが「工場で働く」「稼げる仕事がある」などの言葉でだまされ送り込まれた。また，占領地では暴行などで無理やり集めたケースがほとんどだ。彼女たちが連れていかれた慰安所は，軍が建物の設営や確保を行い，利用規則や料金も軍が決め，「慰安婦」登録と性病検査，慰安所の管理などすべてに軍がかかわっていた。彼女たちは逃げ出したくても逃げ出せない状況で，拒否しようものなら兵士が暴力をふるうなど，命の危険があるなかで性暴力に耐えていたのだ。勇気をもって，自分たちのつらい体験を告発した「慰安婦」サバイバーはいう。「この歴史を子どもたちに教えてほしい」「二度と繰り返さないために」と。二度と女性の性が踏みにじられる社会をつくらないためにも，この事実を知る責任が私たちにはある。

日本軍「慰安婦」問題は解決していない

　日本政府は，1991年から調査を行い，1993年には河野洋平官房長官（当時）が，「慰安婦」制度に日本軍の関与を認めて「お詫びと反省」を示した，いわゆる「河野談話」を発表した。「河野談話」は，「当時の軍の関与の下に，多数の女性の名誉と尊厳を深く傷つけた」と認め，「お詫びと反省の気持ち」を述べるとともに，「歴史の真実を回避することなく，むしろこれを歴史の教訓として直視し」「歴史研究，歴史教育を通じて，このような問題を永く記憶にとどめ，同じ過ちを決して繰り返さないという固い決意を改めて表明する」と結んだ。

　「河野談話」を機に，1997年にすべての中学校歴史教科書に「慰安婦」が記述された。しかし，その直後から保守系の国会議員や「新しい歴史教科書をつくる会」，日本会議が「慰安婦」記述を教科書から削除させようと動きだした。右派の政治家たちにとって，「慰安婦」問題は日本の恥であり，学

校で教えることによって子どもが日本の国に誇りをもてなくなるなどの理由で，教科書に記述させない運動を繰り広げていった。そのため「慰安婦」を記述していた教科書が「自虐史観」の反日教科書などと攻撃され，2012年度の中学校歴史教科書からは「慰安婦」記述は消滅した。現在は2社の教科書（学び舎・山川出版社）が記述しているが，日本軍「慰安婦」について学ぶ機会が当初より少なくなっているのが現状だ。

　日本政府は，この問題にどのように向きあってきたのだろう。安倍内閣は2007年に「官憲による強制連行的なものがあったということを証明するものはない」と閣議決定した。菅内閣も2021年に「「従軍慰安婦」という表現は不適切であり，「慰安婦」とするのが適切である」と閣議決定している。表向きには河野談話を堅持するといいながら，日本軍「慰安婦」についての学問研究の成果をまったく無視し，日本軍「慰安婦」問題の真実を覆い隠そうとしているのが日本政府の姿勢だ。

　現在，韓国国内で約100基，世界各国に約20基の「平和の碑」（以下，「少女像」）が建てられている。これは，戦時性暴力を再び許さないための「記憶」の象徴であり，被害者たちの名誉と尊厳回復のたたかいの記念碑を意味している。2015年，日本政府は韓国政府との間で日韓「合意」を行い，「心からのおわびと反省の気持ち」を表明した。そして，10億円の拠出金を韓国政府による財団に拠出することと引き換えに「少女像」の撤去を要求したのだ。これをもって最終的不可逆的な解決を確認し，この問題に幕引きを図ろうとしたといえる。しかし，被害者の気持ちは置き去りにされたまま進められたことに，少なくない被害者がこの「合意」に抗議の声をあげた。日本政府は「少女像」の撤去に躍起になり，「少女像」が建てられるたびに，設置されている国や自治体に外務省などの外交ルートを通じて撤去を求めている。日本が「少女像」の撤去に躍起になればなるほど，日本がこの問題に無反省であることを世界に露呈している。

世界が見つめる日本軍「慰安婦」

　世界は日本政府の日本軍「慰安婦」問題に対する動向を注視してきた。国

際連合で1994年に女性差別撤廃委員会が具体的効果的な措置をとるよう勧告して以来，1996年には国連人権委員会特別報告者のクマラスワミ報告書で日本の責任を指摘，その後ほぼ毎年のようにILOや女性差別撤廃委員会（CEDAW）などが，解決のための勧告を行ってきた。また，2007年にはアメリカ，オーストラリア，オランダ，カナダ，欧州議会，フィリピン，韓国，台湾などが「慰安婦」決議を採択している。これらの勧告や決議は，日本軍「慰安婦」問題の解決を，日本に強く求めているだけでなく，この問題の解決を世界全体で進め，世界から性暴力をなくしていこうという強い意志が示されているものといえる。しかし，日本政府はこういった世界の動きに背を向けつづけている。日本がこの問題に向きあわず，いまのような姿勢を取りつづけるかぎり，日本は人権問題に真剣に取り組まない国として世界からの評価を自ら貶めることになるのではないだろうか。韓国のみならず，すべての地域の「慰安婦」問題について真相解明を行い，真の謝罪と反省を示すことこそ，日本がしなければならないことなのだ。

4．沖縄で起きる米兵による性暴力
——戦争・軍隊と性暴力の根深い関係

　現在日本国内の米軍基地の約70％が沖縄にある。米軍基地が沖縄に集中することによって，絶え間ない事故，事件，環境破壊などの異常な状態が日常化しているのが現状だ。米兵が犯罪を起こしても基地内に逃げれば日本の警察は捕まえることはできない。犯罪が発生してもその容疑者を逮捕できない不平等な取り決めが日米地位協定だ。日米地位協定による犠牲が最も強いられている場所が，米兵と住民が日常的に隣りあって暮らしている沖縄だろう。沖縄では，国の安全保障のためという大義名分のもとで，米兵による事件や事故の犠牲にされる現状が戦後からいまにいたるまで続いているのだ。

　2023年12月，沖縄で米兵による16歳未満の少女への性暴力事件が起き，事件から半年以上もたってから沖縄県に知らされたことがわかった。それ以外にも性暴力事件が起きていたことが次々と判明した。沖縄は戦後アメリカ

による統治を受け，1972年に復帰後も米軍が駐留しつづけている。米軍による犯罪は復帰後だけでも2021年までに6109件，殺人・強盗・強姦などの凶悪犯罪は584件にのぼっている（沖縄県基地対策室「2023年度米軍基地に関連する調査報告書」）。しかし，沖縄以外のところに住んでいると，こういった問題がマスメディアなどにも取り上げられることが少なく，見えなくさせられる状況があるのも事実だ。

　1995年9月，沖縄で小学生の少女が3人の米兵によって強姦され，重傷を負わされる事件が起きた。同年10月には約8万5000人もの人々が集まり，事件に抗議する県民総決起大会が開かれた。「軍隊のない，基地のない，平和な島を返してください」と普天間高校の生徒は訴えた。この思いは沖縄県民すべての願いといってもいいだろう。しかし，2016年には20歳の女性が元海兵隊員によって強姦殺害されるという事件が起き，県民の怒りと嘆きは限界を越えた。「被害者は私だったかもしれない」という思いが多くの人々の胸に沸き起こった。沖縄の人間だけがこんな被害に怯えつづけさせられる理不尽をどうしたらなくすことができるのだろう。

　なぜ，戦時下や軍隊のあるところで性暴力が起きるのだろう。それは暴力的な力を行使できる男性こそが一人前の男性だという価値観が軍隊のなかにあるからだ。軍隊で行われる訓練は人を殺す訓練だ。人を人と思わない訓練を受け，人を殺してきた兵士が，人を殺すことを犯罪とする平時において正常な感覚を取り戻せるだろうか？　実は米軍の内部においても性暴力は深刻化している。これは自衛隊も同じだ。軍隊という組織があるかぎり，性暴力はなくならない。沖縄の人々は戦後ずっと性暴力の危険にさらされつづけている。これまで身近な性暴力や歴史のなかで起きた性暴力を見てきたが，戦争をするための外国の軍隊があるために，安全を脅かされつづけている人々が日本のなかにいることに目を凝らし，自分事として考えてみてほしい。

5．私のからだは私のもの

　性暴力は戦中や戦後，私たちが気づかないところで起きつづけてきた。性

第10章　性と暴力　　131

暴力を受けても声をあげる人よりあげない人のほうが実際には多くいる。なぜ，あげられないのか。それは声をあげる人の声を奪うような社会状況がいまだにあるからではないだろうか。しかし，声をあげることで，少しずつだが社会が変わってきていることも確かだ。

　私が中学校で行ってきた「慰安婦」授業を受けた生徒が，こんな感想を書いた。「女性というだけで何かをさせられたり，何かが出来なかったりすることを認めてはいけないし，そういう考え方を変えていかないといけない。女性として生まれてよかったと思える社会を作りたい」。

　自己決定権を奪われ，性の対象として尊厳を奪われることがいまも起こっている。一人の人間としての尊厳が守られ，一人ひとりが性の決定権をもてる社会をつくらなければならない。自分のためにも，他者のためにも。

　私のからだは私のものなのだから。

（平井美津子）

第11章

デートDV

目標　デートDVの定義と特徴，要因を知る。
　　　デートDVが身近に起きたときの対応を考える。

キーワード　「デートDV」「暴力」「人権侵害」「恋愛」「関係性」

1．デートDVとは何か

　UN Women（2012）の定義を見ると，性暴力は「bodily integrityとsexual autonomy の侵害」と記されている。bodily integrityは「私のからだは私のものであるということ（誰にも侵害されない；身体保全）」，sexual autonomyは「性に関する情報を得たうえで，自分で選び，決定すること」という意味であり，権利と不可分の用語として成立している。ドメスティック・バイオレンス（Domestic Violence, 以下，DV）は性暴力の一つであり，配偶者や恋人などの親密な関係にあるか，以前，親密な関係にあった者によってふるわれる暴力をいう。デートDVは，恋愛関係にある若者間，元恋人間で起こるDVをいう。親密な関係のなかに支配－被支配関係が発生しており，支配する側は相手を思いどおりに動かすために暴力を選んで使っており，支配される側は主体性（安心，自信，自由，自己決定）が奪われている状態である（伊田広行『ストップ！デートDV——防止のための恋愛基礎レッスン』解放出版社，2011年）。

　デートDVは比較的新しい言葉である。若い世代でもDVと同様の問題が起きていることから，日本で生み出された言葉がデートDVである。デートDVとして定義づけがなされたことは，要因や防止策を具体的に考える契機となったといえる。近年では高校の教科書にもデートDVに関連した記述が

第11章　デートDV　　133

表1 DV，デートDVにおける暴力の種類

身体的暴力	殴る　蹴る　平手でうつ　首を絞める　包丁を突きつける　物を投げつける 髪を引っ張る　やけどをさせる　階段から突き落とす けがをしているのに病院に行かせない　など
精神的暴力	大声で怒鳴る　「何でも従え」という　何をいっても無視する　人前で侮辱する 大事なものを捨てる　外出を禁止する　身体的暴力をふるうふりをする 交友関係を制限する　「別れたら自殺する」と脅す　など
経済的暴力	生活費を渡さない　家計を細かく監視する　洋服などを買わせない　借金を負わせる 借りたお金を返さない　外で働くことを妨害する　収入や預金を勝手に使う　など
性的暴力	無理にアダルトビデオを見せる　暴力的な性行為をする　避妊に協力しない 意思に反した性行為の強要　中絶の強要　性行為に応じないと不機嫌になる　性的なプ ライバシーに関する情報をネットに流す　など
社会的暴力	人間関係や行動などに対して無視をしたり制限をしたりする 家族や友人とのつきあいについて制限をして相手を独占しようとする　など
デジタル暴力	ほかの人とのメールをすることを制限する　メール等の返信を強いる　電話やメールの 内容をチェックする　写真を勝手にSNS等に載せる　居場所を確認するメール等が何度 も届く　別れてから写真等をネット上に拡散する（リベンジポルノを含む）　など

見られるようになった。

　デートDVにおける暴力の種類は，表1のように身体的暴力，精神的暴力，経済的暴力，性的暴力，社会的暴力，デジタル暴力があげられる。デジタル暴力は比較的新しく，若い世代に多いからこそ防止に向けた取り組みが遅れる傾向にある。

　これらの暴力は個別に起こることもあるし，暴力が重なりあって起こることも多い。また，つねに暴力が見られるわけではないこともあり，DVの範囲は非常に幅広く，同時に程度の問題もある。明確にDV，デートDVといえるものから，デートDVと断言できないが関係を続けるなかで主体性が奪われがちな緩やかなデートDVの状態（グレーゾーン）もある。たとえば異性間のカップルで，異性の友だちとのかかわり方について交際相手から強く批判され，その後は特にいわれていないものの，異性の友人をもつことやかかわることを自己規制し，行動を制限するといった行為があげられる。このようにグレーゾーンを含めれば，DV，デートDVは範囲と程度が幅広く，その点からも，誰もがこのような状況に陥る可能性がある。

　それではデートDVはどのくらい起きているのだろうか。内閣府男女共同参画局によって2023年度に実施された調査（「男女間における暴力に関する調査」

134　パート3　性と人間・社会との関係

2023年3月）によると，交際相手から被害を受けたことがあると答えたのは女性22.7％，男性12.0％であり，そのうち被害によって「生活上の変化あり」と答えたのは58.0％で，女性が61.1％，男性が50.5％となっている。交際相手から何らかの被害を受けたことのある人（381人）に，その交際相手の性別を聞いたところ，「異性」が96.1％，「同性」が1.6％となっている。「自分に自信がなくなった」（女性28.9％，男性22.5％）が最も多く，女性は「心身に不調をきたした」（17.4％）が，男性は「夜，眠れなくなった」（15.3％）が次に多い。また，18.6％（女性23.3％，男性7.2％）が命の危険を感じたことがあると答えている。これらのデータからは，男性の被害経験があり，あらゆる関係性において被害・加害経験が広範囲に存在していることがわかる。

2．デートDV　その特徴と要因

身近な空間における支配－被支配関係とつながるデートDV

しかし，本来は互いにここちいいはずの恋愛に，なぜ暴力的な支配－被支配関係が生じるのだろう。この問題を考えるとき，実は，私たちが暮らす身近な空間には，多くの暴力的な支配－被支配関係が存在することに気づく。たとえば，家庭では「養育」「しつけ」という名のもとに親が子どもの力を奪う「子ども虐待」，学校では「教育」「指導」という名のもとに教員が生徒に暴力をふるう「体罰」，部活動における「指導」という名のもとでの先輩から後輩への「しごき」，そのほかにも多くのハラスメントがあげられる。そこでは暴力で弱い者を支配してよい，暴力によって解決してよいという暴力容認の考えがつらぬかれている。家庭や教育現場，マスメディアにおいて暴力の問題は軽視して扱われる傾向にある。このような暴力を容認する社会に生きていると，残念ながらその力関係を普通のこととして内面化していく。それが恋愛という親密な関係にある相手に向かうとき，デートDVが発生する。

また，集団の心理に自己を合わせようとしたり，異なるものを排除しよう

とする「同調圧力」はあらゆる場面に見られる。デートDVの場合は「みんなに彼氏／彼女がいるなら，暴力的なところがあったとしてもいないよりいたほうがよい」というような同調圧力とも結びついており，暴力の問題をより複雑なものにしている。

ジェンダー・バイアスがデートDVを温存させている

デートDVは，必ずしも男性＝加害者，女性＝被害者ではなく，女性の加害者，男性の被害者もいる。同性間の恋愛関係でも起こりうる。性別や性的指向にかかわりなく，誰でも加害者にも被害者にもなる可能性があるが，デートDVの要因としてジェンダー・バイアスの問題があげられる。

ジェンダー・バイアスとは社会的・文化的につくられた性にもとづく偏見・固定観念をいう。親密な関係のなかにジェンダー・バイアスがあると，対等平等であるはずの関係に主従，上下関係が発生しやすく，それがDVやデートDVに発展することも少なくない。また，ジェンダー・バイアスを社会の常識と勘違いすることで問題が温存されやすく，深刻化しやすい。DV，デートDVともに女性の被害経験率，男性の加害経験率が高いことが報告されているが，これは女性がケア役割を担い，男性は女性をリードするというような日本のジェンダー・バイアスの根深さとも関連している。また，DVやデートDVに関する知識がないと，男性に何らかの被害経験があっても，無自覚で可視化されにくく，結果として男性の被害経験率がより低い結果となっている可能性もある。

偏った〈恋愛〉の情報に隠れているデートDV

図1「LDVE　DV，それは愛を装う。」は，全国シェルターネットによる第10回全国シェルターシンポジウム2007のキャッチコピーだが，「恋愛はこういうものだ」「こうあるべきだ」という考えのなかにDV，デートDVの問題が潜んでいることがうまく表現されている。

あなたは恋愛に関する情報をどこから得てきた／得ているだろうか。日本の学校教育においては，恋愛について学ぶ機会はきわめて少ない。多くは友

図1　第10回全国シェルターシンポジウム2007の
　　　ポスター

デザイン）玉山貴康。

人間のやりとりや雑誌や音楽，マスメディアからの情報であり，その内容は「恋愛は素晴らしいことだ」「恋愛すると人間的にも成長する」「恋愛に関心がない＝さびしい人」という考え方（恋愛至上主義）に偏りがちである。片思いがあってよいことや，つきあっていてもセックスをしなくてもよい関係があること，同性間の恋愛，恋愛をしなくてもよいこと等々，多様な関係性をイメージできるような情報は限られている。

　恋愛関係において，（人によるが）ある種の親密感があるにしても，互いに別個の人間であり，「一身同体」といわれるような同質性を求めあうことは不可能である。しかし，恋愛関係（つきあう）を，2人で一つの基本単位になることとして捉え，同質性を求めあうことが前提とされる場合が多い。たとえば，つきあっていればお互いの感情を伝えあうのではなく，感情を表現しなくても「彼氏／彼女であればわかってくれるだろう（それが彼氏／彼女だという思いこみがそこにはある）」「察してくれて当然だ」というような考え方である。

　またつきあっている相手は自分のものとするように，互いが互いを所有してもよいという情報（幻想）も多い。たとえば互いに束縛をしてよい（束縛しない場合は本当の恋愛ではない），過度に嫉妬深くてもよい（それだけ愛が深いことと捉えていたりする），距離感がないことがよいといった幻想である。それが恋愛のかたちだと信じているカップルも少なくない。つまり，恋愛と暴力とが混在していることに気づいていないのである。

第11章　デートDV　　137

他者と親密な関係を築きたいというとき，はじめから暴力的な関係を望んでいる者はいないだろう。表１のような暴力の種類を見ると，他人事と思う人もいるだろう。つきあっていれば当然だと思う人もいるかもしれない。デートDVの被害者も加害者もはじめから望んでいたのではなく，偏った恋愛観に囚われているうちに気づいたらデートDVに発展しており，大事な相手を傷つけてしまったり，自分が傷ついていたというケースが少なくない。つまりデートDVは誰でも被害者・加害者になる可能性がある身近な問題なのである。恋愛なのか，暴力であり人権侵害であるデートDVなのかを見極めて，大事な人や自分を傷つけないために，デートDVについて，ここちよい関係性とは何かについて学ぶことが求められる。

3. デートDVにどう向きあったらいいか

　前掲の内閣府調査（2024年）では，「相談した」は56.2％であり，女性が59.6％，男性が47.7％であり，「友人・知人に相談した」（女性51.5％，男性41.4％）が最も多い。あなたが友だちの相談にのることもあるだろうが，対応の仕方によっては被害・加害経験をより加速させてしまう可能性もある。おとなや教員に相談できたとしてもデートDVの知識不足から「まだ子どもなのだから」「別れればすむ」というような対応をされてしまうケースも多い。また同調査で「相談機関」の認知度はきわめて低いことが明らかとなっている。

　デートDVは身近な問題であり，あなた自身も友だちも，デートDVの被害者や加害者になる可能性がある。ここではあなたや友だちがデートDVの状態にある場合，どのように向きあったらいいか，そしてどのような相談機関があるかを考えておきたい。

あなた／友だちが暴力を受けていたら

　もし，あなた／友だちがデートDVの被害に遭っていたらどうすればよいのだろうか。「別れればよい」と考えているかもしれない。もちろんデート

DVの状況になったことで別れるという選択もあるだろう。別れに同意はいらないし，デートDVの程度が軽いものであればそれは可能かもしれない。しかし，前述したように恋愛のなかにデートDVは潜んでおり，気づいたら楽しいはずの恋愛関係がつらいものになっていたということもある。暴力が繰り返されるうちに被害者の自己肯定観は低下しており，無力感を抱え，さまざまな判断ができない状態にあることも多いことから，別れを選ぶのは必ずしも容易ではなくなる。デートDVが深刻な場合，第三者の「別れればいい」という助言は「別れられない自分」が悪いのだと，自分を追いつめてしまうことにもなりかねない。

　これらのことから，有効な対策とは何かを考えるとき，①あなた自身がデートDVについて深く理解すること，②問題を抱えた友だちにかかわる際は，問題ごと「背負う」という姿勢ではなく（被害者や加害者に振り回されず），自らの安全性が確保されることを大前提としてかかわることがポイントとなる。①は暴力を受けているあなた／友だちは，その恋愛関係において，安心した気持ちで相手とかかわれているだろうか，自分は自分でよいという自信をもてているだろうか，また，さまざまな人とかかわったり物事を選択する自由や自己決定が保障されているだろうか，ということをあらためて考え，いまの恋愛関係がここちよい関係性ではないことに気づく（自覚する）ことがスタートラインである。そのうえで自分の判断で加害者から離れるか，またはよい関係性に向かうにはどうすればよいかを考える（友だちであればアドバイスする）ことが基本姿勢である。あわせてあなた／友だちへのエンパワーメントが必要となるが，いずれにしても長い時間が必要となることが多い。

　暴力を受けている友だちとかかわる場合，まず話を疑わずに「聴く」ということがあげられる。深刻な状態にあればあるほど，被害者は自尊感情が奪われており，状況を系統立てて話すことが難しい場合が多い。そもそも相手を好きで交際を始めているので，相手が悪いことを認めたくなかったり，暴力的なことがあってもこれまで楽しい時期もあったからそのうち変わってくれるだろうと考えてしまいがちである。また暴力後に加害者が謝ったり，時にセックスをしたりプレゼントでお詫びをすることで暴力は一時的なものだ

第11章　デートDV　　139

ったのかもしれないと思ってしまうこともある。可能であればつきあいつづけていきたいという気持ちや，前述したように恋愛の偏った情報やピアプレッシャー（同調圧力）も相まって解決の道に向かいにくい。混沌とし，混乱を抱えている友だちの話を聴き，恋愛と暴力が混在しているという事実を（友だち自身が）整理，確認していくことが最初の一歩である。

　よくデートDV防止の啓発教育で「あなたは悪くない」という言葉がけが必要だといわれるが，自尊感情が低下している被害者にとって，それだけでは必ずしも十分であるとはいえない。「あなたは悪くない」のはなぜか，つまり加害者側にどのような理由があるとしても，その不安や怒り，悲しみなど，抱えきれない感情の矛先を他者に向けるのは間違っているということをあわせて確認しておきたい。そして，あなた／友だちはそのような状態にいてよい人間ではない（そんな状態にいてよい人間はいない）のである。

　また，自分たちだけで問題を解決するのは危険をともなうこともあるため，一人で抱えこまず，相談機関や信頼できるおとなに連絡をしたい。現実問題として，相談機関にアクセスするというハードルは高いかもしれないが，それは相談機関を知らないことも関係している。非常に熱心に取り組んでいる機関や人は多いが，残念なことに，なかには対応が不十分な機関があることも事実である。そのため，相談機関にアクセスすればそれで解決に結びつくという単純なものではないし，相性が合わない機関や人があることは知っておきたい。

　大学や専門学校等の学内の相談機関としては，学生相談窓口や保健センター，男女共同参画推進関連の相談窓口，ハラスメントの相談窓口が設置されていることが多いのでそこにアクセスしてほしい。また，ジェンダーや人権に関連した科目を担当している教員が相談機関を知っていることもあるし，それ以外でも信頼できそうな教職員に話すという方法もあるだろう。学外の相談機関としては巻末資料3の相談機関一覧を参考にしてほしい。また，警察署（交番ではない）の生活安全課では，DVやストーキングに専門的に対応しているところもある。

パート3　性と人間・社会との関係

あなた／友だちが暴力をふるっていたら

　あなた／友だちがデートDVの加害者である場合，①どんな背景や理由があったとしても，相手に暴力をふるってよい理由にはならないということ，つまり暴力は間違っているということを認める，②このままの状態だと大事な相手が離れていくこともあるのだということに気づき，現在の関係が対等平等でここちよい関係性といえるのか（互いに楽しい関係といえるのか），どうすれば暴力的ではない関係性を築くことができるかを考えることがポイントである。場合によっては，これ以上，大好きな相手（被害者）を傷つけないためにも別れる（離れる）という選択肢をとらざるをえないこともあるだろう。それはあなた／友だちにとってはつらいことかもしれないが，暴力をふるわれているあなたの大事な人に対して，もっとつらい思いをさせていることを自覚してほしい。

　あなた／友だち自身が①②を考えられるようにするには，デートDVに関連した情報を集めて知ること，個々人で解決できる問題ではないことも多いため，相談機関に連絡してほしい（巻末資料3を参照）。

　また，加害者の多くは，恋愛以外のところでも感情を整理して言葉にして伝えることが苦手な場合が多い。あなた／友だちは，そのような傾向はないだろうか。暴力的な言動をしそうになった際に，本当はどんな感情があって，伝えたいことは何で，それがなぜ怒りや暴力というかたちで出てくるのかを自覚することができるようなコミュニケーションスキルのトレーニングが必要になる。これも被害者への対応と同様に時間が必要となる。加害者の防止教育プログラムの取り組みを行う民間団体（awareなど）もあるが，学生の場合は予算や時間の関係もあり，一般的には加害者自身が積極的に問題解決に動くことはきわめて少ない。高校生や大学生の場合，あきらめ（暴力の顕在化もしくは加害者のこころ変わりが起こるまで待つ）が多く，加害者は野放し状態で，被害に遭っている者が逃げなくてはならない現状がある。しかし，早い段階であれば修正できる可能性も高い。

第11章　デートDV　　141

4．デートDVの学びをきっかけに

　2001年にDV防止法が制定され，DVは社会問題としてある程度の認知がされるようになり，ようやく若者のデートDVの問題が可視化されるようになった。その後，民間団体や行政機関において，デートDVの予防を目的とした教育・啓発が行われるようになったものの，教育現場への位置づけには相当なハードルの高さがあった。

　しかし、内閣府・文科省ほかによって，性犯罪・性暴力対策の強化の方針（2020年6月11日）が出され，「集中強化期間」であった2020〜2022年度の3年間に「教育・啓発活動を通じた社会の意識改革と暴力予防」の一つとして，性暴力防止を目的とした「生命（いのち）の安全教育」が立ち上げられた。2021年には人権教育・啓発白書の「こども」の人権課題に対する取り組みとして本事業が記され，教育制度上は2022年生徒指導提要改訂や，同年に出された安全教育における第3次学校安全の推進に関する計画に，現代的課題として位置づけられている。そして検証期間を経て2023年4月から全国の本格実施となった。とはいえ全国の自治体レベルでの取り組みにはばらつきが大きいのが現状である。他方で同事業の概要資料等の内容を見ると，性暴力の神話を一定程度，解体する内容は含まれるものの，権利よりも心情的なアプローチに陥りやすいといった課題が指摘されている。同事業の教材には，活用にあたって，各学校や地域の状況等に応じて適宜の加除や改変が可能であることが記されている。

　しかし，いまなお課題は多い。DV防止法においては，緊急保護命令制度の不在や，共同親権の選択が可能になることによる問題等，課題は残されている。また，DVもデートDVも，女性の加害者，男性の被害者というケースもあり，同性間のカップル間でも見られているが，日本における取り組みはまだ不十分である（ちなみにアメリカでは2013年，同性間のカップルや移民や先住民を適用対象に含むこととなっている）。2021年にスリランカ人女性が入管施設内で虐待死させられる事件が起きたが，この女性はDV被害を受けていたことを訴えていたにもかかわらず，対応されていなかった。複合的な差別問題の

文脈で，このテーマを取り上げていく必要性がますます強まっているといえよう。そして災害時や先のコロナ禍においても，DVや性暴力問題が増加していたことが各種調査によって明らかにされつつある。

　最後に，前掲の「生命の安全教育」もそうだが，このテーマにかかわる教育・啓発活動は，徳目的であったり心情的な内容になっている場合も多く，取り扱いによっては学生や子どもたちのリアルな現状とのずれが生じる可能性がある。また，これまで述べたようにデートDVは，暴力を容認する社会やジェンダー・バイアス，マスメディアにおける恋愛情報の偏り，性に関する学びの欠如など，私たちが生きていくうえで当たり前だと思っていることのなかに潜む暴力や人権侵害の問題によることが多い。つまりは構造的な暴力の問題でもあることを学ぶ機会が保障される必要がある。冒頭に述べたように，性暴力は権利と不可分である。よって教育現場で人権を基軸とした性教育が保障されているとは言い難いなか，性暴力防止の学習が独立して成立するには，制度上も，教育実践上も乗り越えるべき課題は多い。一方でデートDVのテーマを切り口として，幼児期から青年期にかけて，性に関する必要な知識とスキルの獲得をふまえ，性的自己決定能力を高める教育へと進展させていければ，生涯を通じた人権感覚の基礎となりうる。

（艮　香織）

第12章

SNS・ICTsがジェンダー・セクシュアリティに与える影響

目標　SNSやICTsが私たちにどのような影響を与えているのか，特に「エンパワメント」という観点に着目して知識を得る。

キーワード　「エンパワメント」「第四波フェミニズム」「居場所とSNS」「批判的リテラシー」

1. ICTsと子ども・若者たち

包括的性教育との関係性

　私たちの日常生活に，インターネットは当然のように存在している。昨今は，SNSの利用が日常生活の一部になっている人も少なくない。総務省『令和5年版　情報通信白書』によれば，世界のソーシャルメディア利用者（月に1回以上，何らかのデバイスを介してSNSを利用する）数は，2022年の45億9000万人から，2028年には60億3000万人に増加すると予測されており，日本においても，SNS利用者数は，2022年の1億200万人から2027年には1億1300万人に増加すると考えられている。

　このようなSNS，インターネットを利用する際には，当然のようにICTs（Information and Communication Technology：PCだけでなくスマートフォンやスマートスピーカーなど，さまざまな形状のコンピュータを使った情報処理や通信技術の総称）を私たちは利用している。

　包括的性教育にかかわって，『改訂版　国際セクシュアリティ教育ガイダンス』（以下，改訂版『ガイダンス』と表す）においても，「包括的セクシュアリ

144　パート3　性と人間・社会との関係

ティ教育を通じて扱える，子どもたちと若い人々の健康とウェルビーイング（幸福）に関するその他の重要課題」の第1項目としてICTｓについて記載されている。このような記述は，改訂版『ガイダンス』より新たに登場したものである。SNSやインターネット，そしてそれらにアクセスする際に用いるICTsは，もはや私たちが性に関する情報を入手するうえで不可欠の存在であると認識されている。

　改訂版『ガイダンス』では，具体的には，①知識・態度・スキルに照らし合わせてICTsやSNSの利点と欠点とを考えさせる内容となっていること，②学習者が性に関する情報に対して不快に感じたり，危険を感じたときに「信頼できるおとな」に相談する具体的な方法も学習すること，③SNSにおいて「性的に露骨なメディア」がどうして広がっているのかという，社会構造の問題にアプローチできるような課題が設定されており，④そのようなメディアが，ジェンダー・セクシュアリティに関するステレオタイプを強化していることを考えさせるように構成されている。

デジタルネイティブとしての子ども・若者たち

　コミュニケーション論を専門とする社会心理学者の橋元良明は，日本の若年層の情報行動の大きな変化として，その中心がテレビからインターネットへ移行したことがあげられるという。特に，若年層のインターネット利用時間の約65％がSNSであるという（橋元良明「若年層における情報行動の変化」日本情報教育学会編『情報教育ジャーナル』1（1），2018年，7-14頁）。

　くわえて，デジタル機器利用の低年齢化はおさえておきたい。橋元らの調査によれば，0歳児の23.5％がスマートフォンに触れており，その半数がYouTubeを見ていることも明らかにされている。また，LINEの利用率も6歳で15％に達している状況にある。

　いわゆる「デジタルネイティブ」（生まれながらにして，インターネットやSNS，ICTsに囲まれている）世代として，SNSやインターネットを日々利用している子ども・若者たちは，LINEのほか，X（旧Twitter）やInstagram，TikTok，YouTubeなどのSNSを主に扱っている（渡辺洋子「SNSを情報ツールとして使う

若者たち」NHK放送文化研究所『放送研究と調査』69（5），2019年，38-56頁）。

SNS・ICTsと「エンパワメント」

　このような状況のなかで，SNS，ICTsがジェンダー・セクシュアリティにどのような影響を与えるのか，包括的性教育でも重要視されている「エンパワメント empowerment」という概念に着目して整理したい。

　ここでいうエンパワメントとは，この社会で抑圧されてきた人（たち）が，抑圧の原因に気づく過程を経て，その社会状況を変容させていく力や自信，誇りを獲得していくことをさす言葉である。

　SNSやICTsは，そのネガティブさに焦点があたることが多い。事実，改訂版『ガイダンス』においても，有害なジェンダーバイアスの強化や，セクスティング（性的なテキストメッセージや画像を，ICTsを用いて送る行為）の問題性が取り上げられており，SNSと性に関する諸論考でも論じられてきた。私たちがSNSやインターネットから性に関する情報の影響を受けるという意味で，これらは重要なデータ・論考である。

　そのうえで，本章では，SNSやICTsがもつポジティブな側面に着目し，私たちをエンパワメントしてくれるツールとして捉えてみたい。そのために1点確認したいのが，ICTs，SNSに関する教育として文科省が今日推し進めている「情報モラル教育」である。

　文科省国立教育政策研究所が作成した『情報モラル教育実践ガイダンス〜すべての小・中学校で，すべての先生が指導するために』（2011年）では，情報モラルを「情報社会で適正な活動を行うための基になる考え方と態度」と定義している。

　具体的には「情報社会の倫理」と「法の理解の順守」を教育内容として設定している。そこでは，「情報社会の倫理」は「心を磨く領域」に位置づけられているが，そこでは「約束や決まりを守る」「人の作ったものを大切にする心をもつ」（ともに小学校低学年での指導事項），「「ルールや決まりを守る」ということの社会的意味を知り，尊重する」（小学校高学年での指導事項），という道徳的内容の刷り込みに徹底されている。

146　　パート3　性と人間・社会との関係

つまり，道徳科での教育内容と同様に，「情報をやりとりする際のルールやマナーを理解し，それらを守る態度を学ぶ」というように，社会問題を構造として捉えるのではなく，個人化（自己責任化）し，なおかつスキルではなく「態度」の問題として捉えていることがわかる。加えて，基本的にインターネットへの依存防止，ネットトラブルの「根絶」といった，SNSやICTsの危険性，ネガティブな側面を強調するものばかりだということである。

　「情報モラル教育」と，改訂版『ガイダンス』の学習課題，目的とは似て非なることをおさえたうえで，以下では，エンパワメントにかかわるツールとしてのSNS・ICTsという点に着目して考えたい。

2. 社会運動に影響を与えるSNS・ICTs

「フェミニズム」の三つの波

　まず触れておきたいのが，SNSはジェンダー・セクシュアリティにかかわると社会変革活動に影響を与えていることである。ここでは特に「第四波フェミニズム」に着目したい。

　フェミニズムは，その質や運動手法によって，第一波から第四波までに分類されることがある。

　19世紀末から20世紀前半にかけて高まった，女性の参政権や相続権，財産権など，それまで男性が独占していた公的領域における権利を勝ち取ろうとした第一波フェミニズム。1960年代から高まった私的領域での女性の生きづらさに着目し，その改善を求めて動いた第二波フェミニズム。1980年代終わりから起こった，「女性」とは何かを捉え直しながら，女性のなかの多様性や交差性（インターセクショナリティ）をふまえて運動を進めていった第三波フェミニズム。これらは，運動目的の変容に着目して分類されている。

「第四波フェミニズム」とSNS・ICTs

　一方，第四波フェミニズムは，運動手法（アプローチ方法）に着目して分類

第12章　SNS・ICTsがジェンダー・セクシュアリティに与える影響　**147**

されている（そのため，「第四波」と分類せず，第二波，第三波のなかに位置づくと考える研究者，運動実践者も存在する）。

たとえば，2016年以降に活発になった＃Metoo運動が，第四波フェミニズムに位置づけられる運動の一つである。＃Metoo運動とは，セクシュアルハラスメントや性虐待，性的暴行の被害者が自身の経験をカミングアウトした運動のことである。これまで沈黙を強いられてきた性暴力問題への関心を高めるため，そして暴力を受けた被害者らがつながりあってエンパワメントされることを目的に掲げた＃Metoo運動は，第二波フェミニズムの「個人的なことは政治的なこと」というスローガンに重なる目的意識をもつ。

この運動が「第四波」と呼ばれるのは，運動の手法がこれまでと大きく変化したためである。＃Metoo運動は，SNSのハッシュタグ機能を利用して，自身の経験をカミングアウトし，被害者らがつながれるように工夫し，加えて，ハッシュタグを用いてその問題を可視化することで，広く社会問題として認識させ，世論をつくりだす特徴をもっていた。

このように，SNSを積極的に活用し，コミュニティを形成し，なおかつ問題を広く可視化する方法が，これまでのフェミニズム運動と一線を画すとして，「第四波」として評されている。

そして，SNSと社会変革との関係性について考えるためには，SNSにおける世論形成をおさえる必要がある。先の橋元は，世論形成においてSNSは，同じ傾向の意見の保有者だけが閉鎖的コミュニケーションの輪をつくる「サイバー・カスケード」（数珠つなぎ）現象や，同意見の人がネット空間で同じ意見を交換しあい，反論を排除する「エコーチェンバー」（反響検査室）現象などを起こすことも指摘している。このような現象は，同一集団意識が強まることで，コミュニティ内部の言動が先鋭化され，「炎上」や，名誉毀損やプライバシーの侵害といった社会問題を引き起こす場合もある。

一方で，そもそも沈黙させられてきた人々（コミュニティ）にとって，日常生活ではなかなか出会うことのできない人々と交流できること，コミュニティが拡大することのメリットは計り知れない。コミュニティのなかでの情報交換・情報収集の簡便化などのメリットがあることはおさえておきたい。

3. 「居場所」づくりに影響を与えるSNS・ICTs

「居場所」とは何か

　沈黙させられてきた人々（コミュニティ）が交流できるようになったのが，SNSやICTsによるものであるということは，第四波フェミニズムに限ることではない。続いてあげたいのが，SNSが性的マイノリティの子ども・若者たちにとって「居場所」づくりに影響を与えているということである。

　「居場所」という言葉とともにおさえておきたいのが，ファーストプレイス・セカンドプレイス・サードプレイスという言葉である。都市社会学者のレイ・オルデンバーグは，家庭をファーストプレイス，子どもにとっての学校（あるいは，おとなにとっての職場）をセカンドプレイスとして捉えたうえで，カフェや図書館，本屋（おとなであれば居酒屋といった盛り場）のような情報・意見交換の場，地域活動の拠点として機能する場所をサードプレイスと呼んでいる（レイ・オルデンバーグ『サードプレイス――コミュニティの核になる「とびきり居心地よい場所」』忠平美幸訳，みすず書房，2013年）。

　サードプレイスは，いわゆる私的な社会としての「家庭」でも，公的な社会としての「学校」（会社）でもない場所だといえる。そして，サードプレイスは，自身の状況にそって参加するかを選択できるようなところであり，その人にとって複数箇所存在しているという特徴がある。そして，「居場所」は誰かによってあてがわれるものではなく，自分自身の手によってつくりだしていくものだというのは重要な視点である。事実，日本においても性的マイノリティの居場所は，当事者の手によってつくりだされてきている。

　「居場所」がつくりだされてきた背景には，この社会に性的マイノリティの生きづらさが存在していることがあげられる。それは，性的マイノリティの子ども・若者たちにとって日常生活を過ごすファーストプレイス，セカンドプレイスが安全・安心な場ではないということだ。

ファーストプレイスとしての家庭の状況

まずファーストプレイスに着目してみたい。ここで重要となるのが，子どもが家庭のなかでどのように生活しているのか，ということである。

このことにかかわるのが性的マイノリティ（の子ども・若者）のカミングアウトに関する調査である。このような調査は複数存在しているが，そのなかで，自分自身にとって身近な存在であればあるほど，カミングアウトしにくいという結果が出ていることに着目したい。

たとえば，NHKがLGBT法連合会とその賛同団体に協力を得て行った「LGBT当事者アンケート調査〜 2600人の声から〜」(2015年10月実施。有効回答数2600票）では，過半数が，最も身近な家族にカミングアウトできていないことが明らかとなっている。この調査の自由回答欄には，「親へのカミングアウトで全否定をされて気持ちが不安定になり，人が怖くなった時期があった」，「テレビなどを見て家族がゲイやレズビアンを否定している姿を見るのがつらい。家族にはカミングアウトできない」という記述もある。

ほかの調査のなかでも，子ども・若者のおかれている状況の深刻さが示されている（第3章参照）。

このように子どもたちのまわりにいるおとなの対応・態度が子どもを苦しめていることもあまり理解が進んでいない。そもそもファーストプレイスとしての家庭が，性的マイノリティの子ども・若者たちにとって安全とはいえない状況にある。

セカンドプレイスとしての学校の状況

それでは，セカンドプレイスとしての学校はどうだろうか。日本では2016年に文科省によって「性同一性障害や性的指向・性自認に係る，児童生徒に対するきめ細かな対応等の実施について（教職員向け）」が通達されている。2016年通知は，学校そのものにすでに根づいているシスジェンダー・ヘテロセクシュアル中心な制度（第3章参照）を問い直すものではなく，「もしも」性的マイノリティの子どもが学校に存在していたら，そのつど個別対

150 　パート3　性と人間・社会との関係

応をするという点にとどまっている限界性を抱えている（堀川修平『気づく 立ちあがる 育てる——日本の性教育史におけるクィアペダゴジー』エイデル研究所，2022年。堀川修平『「日本に性教育はなかった」と言う前に——ブームとバッシングのあいだで考える』柏書房，2023年）。

このことと関連して，「うちの学校に性的マイノリティの子どもは存在しない」と誤認したり，関心をもたない教師たちが少なくない（認定NPO法人Rebit「LGBTQ子ども・若者調査2020」）。

つまり，性的マイノリティの子どもにとって，ファーストプレイスもセカンドプレイスも，必ずしも性の多様性が前提としておかれているわけではなく，十分に安全な場所ではないのだ。

SNS・ICTsを併用した「居場所」づくり

このような性的マイノリティの子ども・若者たちを取り巻く状況があるなかで，サードプレイスとして「居場所」づくりにかかわる団体・人々が全国各地に存在している。複数存在するなかで，対面のほか，SNS，ICTsを併用してさまざまな居場所づくりに取り組んできているのが，「にじーず」である。

にじーずは，全国約10都市で，週末などに対面で集まれる機会をつくってきた。この居場所では，当事者の若者たちがつながれ，悩みがあるときには相談もできる場である。2016年から，のべ3500人が参加し，開催都市も都会から地方へと拡大されている。にじーずが，SNSやICTsを利用した居場所に着目したのは，公共交通機関が充実していない地方などでは，遠方に住む子ども・若者の参加が難しい状況にあるためだ。

いわゆる，「メタバース」（インターネット上の仮想空間）での居場所づくりは，「実際の見た目や声が関係なく，アバターの姿でいられるからこそ，安心した場所」となり「普段のにじーずのリアル開催では口数が多くないユースも，チャットではよく話したり，交流したりしてい」たと主催者は語っている（ハフポスト「一人じゃない。メタバースで繋がる「居場所」を作ってみたら…。LGBTQの若者に今伝えたいこと」https://www.huffingtonpost.jp/entry/nijizu-vr_jp_65a0a417e4b0fbd2bc062801）。

4．エンパワメントのツールとして有効に活用するために

「情報弱者」という自己責任化

　以上のように，SNS・ICTsは，私たちをエンパワメントするためのツールとしての側面をもつことを本章では確認した。「第四波フェミニズム」という社会運動も，子ども・若者たちの「居場所」づくりも，そもそもマイノリティが集いにくい社会構造が存在していることに活動の出発点が存在している。社会において抑圧されているマイノリティにとっては特に，SNS・ICTsは有効なエンパワメントのためのツールであるといえよう。

　そのようなエンパワメントのためのツールをより有効に活用していくために，まとめとして「リテラシー」について確認しておきたい。

　SNSに流れる情報には正確ではないものも多々存在しており，情報を取捨選択できることは重要である。であるからこそ，関連するスキル・知識・態度は改訂版『ガイダンス』においても学習目標として掲げられているし，冒頭で見た文科省の「情報モラル教育」においても重要視されている。

　ただし，情報モラル教育においては，「単なる使い方」を教える（そして，使い方の抑制に「道徳（モラル）」を用いる）実践が多く見られる。このような「リテラシー」観では，人々の「能力（を身につける努力）」の問題として，自己責任化されるおそれがある。また，今後はAI（Artificial Intelligence：人工知能）も大いに発展し，私たちの生活に不可欠になるだろう。すでに，AIに何かを分析させたり，表現させたりする人々も増えており，いずれAIに関しても，情報モラル教育的な「リテラシー」観のもとで，「使い方」と「個々人のモラル」を教える状況になることは予測される。

「批判的リテラシー」は社会問題を見る／変える力

　だからこそ，最後に「批判的リテラシー」について触れたい。

教育学者のパウロ・フレイレは，『被抑圧者の教育学』において，識字（リテラシー）教育運動を論じている。ここで重要なのは，フレイレは，「初歩的な文字の読み書き能力」を高めることを「識字教育」と呼んだわけではないことだ。

　フレイレは，「世界を批判的に読む」ということを重要視している。「意識化」と呼ばれるフレイレの重要視した概念の意義は，学習者が，自分たちが学ぶ意味に気づくこと，自分たちがいま学んでいる状況の背景を知り，そのような状況をつくりだした世界（つまり，「社会構造」）を批判的に捉える方法を身につけることである。そこでは，個々人に分断された学習環境は念頭におかれておらず，集団で対話しながら批判的意識を醸成していくことが望まれている。つまり，社会変革の主体として育てることと「リテラシー」との関係性を論じているのである。

　批判的リテラシーは，私たち自身がエンパワメントされる社会づくりのあり方を模索する学びに深くかかわるのである。

（堀川修平）

第13章

性の商品化と売買春

目標

性の商品化についての認識を広げ，ジェンダー格差や貧しい性文化など，その背景を改善していく重要性を理解できる。
性の商品化において，その社会背景である経済や性的関係を科学的に捉え，貧困や社会との関連を考える。

キーワード

「ジェンダー格差」「デフレ化」「貧困産業」「性の権利侵害」「女性自立支援法」

1. 性の商品化とは

性の商品化は大きく次の二つに分類される。

① 「からだや性行為・モノが直接商品として売買される場合」。その例は売買春である。「ブルセラ（下着売買）」，売買春に含まれる一形態の「パパ活・援助交際」，金品を介するセックスを目的にした「マッチングアプリ」「JKビジネス」「出会い系サイト」「テレフォンクラブ（テレクラ）」も広義でこれに入るであろう。

② 「性的な表現が商品化される場合」。たとえばポルノグラフィー，アダルト動画（DVDやネット配信動画も含む）がある。ほかに性にかかわる身体やその一部を強調して扱うミス（ミスター）コンテスト，それを耳目集めのために利用するCM，ポスター，イベントなども性の商品化に入るといわれる。

性の商品化は，ジェンダー格差を背景にしている。たとえば「売春」という職業は，貨幣経済の浸透と男性の社会的・経済的優位や女性の所有（モノ化）が背景にないと成立しない。

「売春」は有史以来ずっと存在した文化ではない。日本において「売春」が専業化するのは10世紀（平安時代中期）からで，都市部においてである。こ

154　パート3　性と人間・社会との関係

の頃，性を売ることだけをもっぱらとする「夜発」が現れる。背景として，日本ではその頃から男女対等な社会から，男性中心の家父長制社会への移行があった。8世紀まであった女性の私有財産が制限され，経済的に男性の下位に従属したため，売買春が発生するだけでなく，女性は結婚の決定権，求婚権，離婚権も失っていき，女性の意向を無視した「強姦」もこの時期から多く発生したとされる（関口裕子「平安時代に始まった買売春」歴史教育者協議会編『学びあう女と男の日本史』青木書店，2001年）。

国立歴史民俗博物館監修『性差の日本史』（集英社，2021年）でも第6章「性の売買と社会」で「性の売買，すなわち売春は，それぞれの時代の社会の男女の関係や社会の特徴を大変よく反映して行われてきました。売春のなかった古代，芸能と売春が一体となって行われた中世，そして遊女の身体を売買することを前提にして行われるようになった近世から，「自由意思」による売春を建前とする近代へ」と変遷したと記述されている。

これを女性の側から見ると，女性が無権利・低収入にされる男性優位社会になると，父や夫に経済的に頼れない場合は極貧に陥るか，収入を得るために自分の性を商品として提供するケースが多いということでもある。

女性のために男性の性を商品化する，男性のために男性が性を商品化するなどもあるが，女性の商品化よりはかなり少ない。

2．若い女性と性産業

格差貧困が拡大する現代日本において，性の商品化はより多様化・一般化し，どれも値崩れしてデフレ状態にある。こうした背景には，特に2012年の第二次安倍政権以降，自助が強いられるなかで自己責任化が進み，苦しくても「助けて」といえない弱者切り捨てや，異論を敵視して排除するような政策が進んだことがあげられる。

格差貧困に拍車をかけたのが2020年春から約3年間続いたコロナ禍である。コロナ禍渦中の2021年3月発表の世界経済フォーラム報告では，世界的に「新型コロナウイルスの影響が男女格差に影を落としている」として，

パンデミックの影響で，世界のジェンダー・ギャップの解消にかかる時間は前回2019年の「99.5年」から「135.6年」へと「一世代分」増えたと指摘した。ロックダウンの影響を受けやすい部門で女性が多く雇用されていることや，家事の重圧がさらに高まっていることが一因とされた。

　日本でも「コロナ禍の女性への影響と課題に関する研究会報告書」（2021年4月28内閣府発表）で，「新型コロナ感染症の拡大によって，男女で異なる影響があり，女性の多い産業や非正規雇用労働者の減少や自殺者数の増加，DV増，など女性への深刻な状況」が報告された。政府等の公的支援のないなか，ギリギリの状態で踏ん張っていた経済弱者の底がコロナ禍で抜けた。

　第5章3「経済と時間と人間関係の貧困」で既述したとおり2021年日本の相対的貧困率は15.4％と先進国最悪となっている。「男女平等ランキング」2024年では世界146か国中118位，G7参加国中最下位である。

　学生や若者は，コロナ禍によるアルバイトや非正規職の雇い止め，シフト減少で困窮した。そうした若者たちの受け皿として，性産業や高額闇バイトがあった。しかし，性産業も店舗業者は休業廃業に追い込まれたため，働き場を失っていった女性は，個人営業の「パパ活」や街頭で買春相手を探す「立ちんぼ」に走った。

　コロナ禍がおさまったあとも生きづらい状況は続き，それ以前から女性が「性産業」に集中して供給過剰となっている状況は変わっていない。一般女性たちが本格的に性産業に流れ出したのは，新自由主義が本格導入された2001年の小泉政権以降だといわれている。そのなかでも増えているのが，福祉系などの低賃金の職種からの転向やパート・派遣など非正規不安定雇用の女性（特にシングルマザー）と女子大学生である。シングルマザーは不安定低賃金と子育て，学生は高い学費・生活費とブラック化するバイトで疲弊するなかで，時間を比較的自由に選べて単価の高い職がほかにないために選んだケースが多いという（中村淳彦『図解　日本の性風俗』メディアックス，2016年）。

156　　パート3　性と人間・社会との関係

性産業で働く女子大生などのコメントから

　筆者がかかわる多くの大学でも性産業で働く学生のカミングアウトは少なくない。性産業と大学生との関係を当事者たちのコメントから見て，考察していく（以下の学生事例は『季刊セクシュアリティ』エイデル研究所，84号〜89号，2018年1月〜2019年1月，連載「性産業と大学生」より）。

　職種と内容　いま性産業で増えているのは無店舗型で，客のいるホテルや部屋に出向く形式である。大学生バイトも同様で無店舗型で働くケースが多くなっている。実際に「ホテヘル。デリヘル。制服専門店で働いていた」という学生がいた。「ホテヘル」とはホテルヘルスの略で，非本番型性産業店で，「デリヘル」とは無店舗型での営業で，ラブホテルなどへ出向いて行く。

　「性感エステ」と「デリバリーヘルス」で働いていた学生の説明では，「エステはランジェリー姿でオイルマッサージ，ハンドフィニッシュ。デリヘルはオールヌードで口腔性交などが主なサービスでした。両方無店舗型で，ドライバーさんに送迎して頂いて自宅やホテルへ行っていました」ということだった。

　この無店舗型は2000年に風営法改正でデリヘルが合法化され，同時に店舗型の性産業が規制されるようになって急増した。しかし無店舗型は危険とも隣り合わせで，店舗内なら客とトラブルがあったときに従業員に助けを求めることができるが，それができない。密室に客と二人の状態になると，トラブルがあってもすぐには助けを呼べないということである。たとえば非本番型をうたっていても，客と二人の密室空間ではコンドームなしでセックスを強要されることも起こる。学生は「本番なしは建前で，あってないようなものでした」という。

　性産業で働く目的　性産業で働く目的に関してはやはり経済面が大きい。ある学生は「経済面は大きいですね。一人暮らしを賄うためと4年時は院への進学費用を目的に働いていました。一般的なバイトはブラックで，やむをえぬ選択でした」と話す。しかし貧困以外の学生もいる。ある学生は「家はむしろ裕福で頼れば援助してくれた。でも関係が悪く，早く親から離れたい，

第13章　性の商品化と売買春　　**157**

と意地を張っていた」と実家が裕福でも親との関係で孤立無縁となる学生もいる。ほかにも「貯金。バイトがしんどくて，体を売ることに抵抗がないので楽して稼ぎたかった」という学生もいた。この貯金の目的は大学院進学のためであった。

　　スタッフや店員の印象　性産業店のスタッフというと強面で暴力的なイメージがあるが，実際はやさしく気をつかってくれるケースのほうが増えている。「スタッフは優しかった」という学生が多く，スタッフに癒されたというケースもある。学生は「お店の方々は優しい人が多い。気を緩めていい環境でした。真面目に語り合えるドライバーもいた」という。しかしそのやさしさには，戦略的な側面もある。どこにも居場所がない孤立した女性にとってやさしく癒される経験はとてもここちよく，そのスタッフを頼り，性産業店が居場所になってしまうケースがある。いわば，暴力によるものではないやさしさという「ソフトな縛り」である。ちなみに学生によると客も「若いお兄さんから白髪の方まで。恋人気分で過ごしたい，酒と一緒に会話や議論を楽しみ温もりを求めている人が多い」という。

　　性産業で働く女性への偏見　性産業で働く女性というと性的に奔放という偏見がある。しかし，実態は「そうでもない」と答える学生がほとんどだ。そのなかの一人は「性意識がある程度ライト感覚でないと性産業着手のハードルはそう超えられない。働く中で性意識が低下することもあるかも知れません」。しかし意識と行動は別で，性的に経験豊富とは限らない。実際には「性経験がほとんどなくても性産業で働き始める人はいます」と学生はいう。ライターの中村淳彦によると，全体的な傾向として「真面目に勉強したい，いい就職したい，奨学金という借金のこわさを知っている……など，自立した頭のいい学生ほど風俗嬢をしている」（中村淳彦『女子大生風俗嬢——若者貧困大国・日本のリアル』朝日新聞出版，2015年）という。

　　働いていたお店には大学生がほかにもいたか聞いてみると，「いた。普通にいた」と口をそろえる。「そうは見えない女子学生も働いていました。控え室では国立最難関に入る大学の学生が大学の課題をしていたし，私も待機中に卒論を書いていました。スカウト男子学生も多い」という。しかし，客

のなんでもしてくれるという偏見による横暴のせいで「嫌なことは山ほどあった。ナマ挿入されないかなど常に心配だった」「サービス外の暴力的なプレイを強いられ目を腫らして車に乗り込んだこともあった。ホテルは密室でスタッフもいないため今考えると恐ろしい，ドラッグを強要された子もあった」という。これらは暴力の被害者であるが，ほぼ訴えたりしていない。泣き寝入りは，いまの日本の性産業のあり方を象徴している。

　性産業では，客からストーカーや暴力行為を受けても，自己責任とされてしまう。労基法も適用されず，長時間休みなしで接客させられ学業に支障が出るなどの被害もある。

　不安なこと　不安なことは，身体的には「性感染症」でほぼ共通している。「防ぎきれない。仕事の疲労で免疫も下がり，何度も婦人科に行っていた」という。精神面でも，ネットで身元が明かされたりするなど，心配事は絶えない。「SNSで，名指しで容姿や接客についてあることないこと好き勝手書かれる。大学名や本名，生育歴まで書かれる子もいて，人権侵害」という状態である。自分自身への呵責もある。「私何やってんだろうと思うことがあった。でも現実から逃避しないと心が守れない。負の感情を抑圧している場合が多い。でも誰にも打ち明けられないのが辛い」。スタッフによる癒しもあるが，「心身の健康安全や社会からの偏見といったリスクを凌駕するメリットは，結局お金ぐらいだと言うのが私なりの結論」という大学生の言葉は象徴的である。

　筆者のこれまでの経験でも相談にくるのは総じて真面目な大学生が多く，心身ともにどこかでケアを必要としている場合がほとんどであった。そんなときは叱責せず，ともに悩み解決の方法を考える。学生たちは支援してくれる人を必要としている。

　男性観・セックス観の歪み　性産業で働く学生と接していて思うのは，男性観の歪みと男性への不信がほかの学生よりも強く見られることである。それは性産業に入るきっかけが，性暴力や無防備なセックスなど安全や信頼の関係とはほど遠い性的経験によることが多い点も一因だといえる。仕事で日々接する圧倒的多数が買春男性のため，男性すべてがそうだという錯覚も

あるだろう。「まわりの男性を良いイメージで見ることが出来なくなった」と嘆く学生もいた。私も学生から話を聞いている途中で「エーッ，先生は性産業行かないんですか。お金あるのに」と驚かれたことがある。「買春しない男性もたくさんいるよ」と答えると，その学生は「そうなんだ。そんな男性もいるんだ。今までそんな男性いないと思ってたけど少し安心した」と穏やかな表情になった。

また性産業でさまざまな経験をしている学生は「私はセックスが汚いことだと思うから性産業ではできるけど，付き合った好きな男性とはセックスができません。そんなふうに相手から自分が思われていることが嫌なんです。それが悩みです」とネガティブなセックス観に苦しんでいた。

やめられた理由　孤立し10代中頃から性産業にしか居場所がなかった女性たちは，成人しても性産業を抜け出せない場合が多い。大学生の場合はそれほどではないがやめることの難しさは共通する。やめた理由を「身近な人にばれて全力で止められた」と人間関係をあげた。ほかに「無茶な働き方をした末に身体を壊したこと。正直身体が壊れてほっとした。中毒性があり自傷行為の感覚にも近かった。今ブレーキをかけているのは，性産業は性感染症の温床で身近な誰かを苦しませるから」という。また「今はやめられないけど，バレること性病も怖いから何とかしたいと思う」と悩みを打ち明けてくれた学生もいた。彼女には，やめる区切りをもって，昼夜逆転のような生活は改善する，断れない宣伝用顔写真はばれない工夫をして，客には個人情報はかけらも教えない，コンドームは最初からきっぱり絶対必要という，とアドバイスした。その後「やめられた」と報告があった。

やめるには性病の知識や人間関係が大事で，それがないときは，かなり性産業から離れにくくなる。支援してくれる社会関係資本がない，あってもつながれない，確かな知識もなく，「自分なんか」と自尊感情の低い場合は，より深刻だといえる。

男性の事例　男性の事例も紹介したい。「僕は，夜のバイトで女性を相手にしています。当然セックス目あての女性客も多く何人もとセックスをしてお金をもらったこともあります。僕はこれまで女性のことを道具としてしか

160　　パート3　性と人間・社会との関係

見られませんでした。一人暮らしで泊まらせてくれる人は「家」，家庭的な人は「料理」，稼ぎの多い人は「財布」です。セックスに関しても避妊はせずクラミジアに２回かかりました。相手がピルを飲んでいたり，「旦那の子にする」と言われたりで，責任は問われませんでした。このバイトは将来「本気で大事にしたい人」に満足してもらう男になるためという考えでやっていました。でもこの授業をとって変わりました。自分のとっていた行動はリスクが高く，今のままの生活を続けていても誰一人幸せにできない，将来の一番大切な人を大事にする練習にもなっていないと気付いたのです。「過去は変えることができないが，未来は変えられる」という言葉が心に響きました。なんとなくとった授業がこんなに自分を変えるとは思っていませんでした」。教育の重要性がよくわかる事例である。

このように性産業で働く大学生の多くが経済的貧困だけなく，性の知識的貧困や孤立無援という人間関係の貧困という背景をともなっている。

3. 性の商品化とその危険

性産業で働くときに労働条件について契約書をかわすことなどほとんどない。職場として見ると，やはり非社会的なアンダーグラウンド的存在で，法のもとに権利を保護されることは少なく，被害が起きやすく，被害を受けても泣き寝入りする場合が多い。また予期せぬ妊娠や性感染症の危険はつねにつきまとう。性感染症は口からも感染するため，いわゆる「非本番型風俗」でも危険は大きい。

女性だけでなく，客となることの多い男性側にも被害はある。脅迫により法外な支払いを要求されたり，SNSを介して詐欺にも遭ったりしやすい。また前述のネット配信のアダルト動画サイトでも，法外な違法契約金を要求されることもある。男性被害も泣き寝入りが多い。

新たな危険としてアイドル契約などと偽ったアダルト動画への出演強要や盗撮配信がある。これについて2022年の「ＡＶ出演被害防止・救済法」で，契約段階で事業者に書面による契約と説明の義務が課され，契約・説明から

１か月を経なければ撮影は不可，撮影終了から公表まで４か月をあけ，その間に出演者に映像を確認する機会を設けなければならないことが規定された。違反した場合，契約の取り消しや解除ができる。また，契約が違法でなくても無条件で契約を解除できる規定も盛り込まれている。

また盗撮については2023年からの「不同意わいせつ罪・不同意性交等罪」によって，盗撮や配信などでの提供は犯罪として処罰される（詳しくは法務省HPを参照）。

また話題になった商法として，ホストクラブの「掛け売り」で借金をつくらせ女性客を性産業に送る現代版「女衒(ぜげん)」がある。警察庁によると，2023年１月〜24年５月の17か月でホストらによる強要・斡旋で76件172人が摘発されて，被害救済と取り締まりが急務となっている。

４．性の商品化をめぐる権利侵害を解消する道

世界的な人権団体であるアムネスティ・インターナショナル（以下，アムネスティ）は，売買春をめぐる人権侵害に対して，2015年８月，セックスワーカーの権利保護に関する方針である「セックスワーカーの人権を守る決議」を採択した。アムネスティはこのなかで，成人間の合意にもとづくセックスワークの「非犯罪化」を勧告し，搾取や人身売買，暴力に対して，ほかの職業と同じように法的保護を受けることができるように各国に要請している。しかし，この方針に対して400を超える団体，個人から抗議文が寄せられた。いまも賛否は二分している。アムネスティは以下を国家に要請している。

- 周縁化や排除を助長し，周縁化された集団からセックスワークに従事する人を不釣り合いに増やし，セックスワーカーの差別につながるような，ジェンダーその他に関する有害な根源的ステレオタイプ，差別，構造格差に取り組む。
- すべての人の経済的，社会的，文化的権利に関連する国家の義務を遵守する。とくに，何人(なんびと)も貧困または差別のゆえに，生存の手段としてセックスワークに依存しなければならないということがないよ

うに，すべての人が教育と雇用の選択肢及び社会保障を得ることができるようにする。

・ジェンダーおよびその他の形態の直接・間接の差別と闘い，女性と少女を含むすべての人および性的指向あるいは性自認・性表現，人種，カースト，民族，先住民，移民あるいはその他のアイデンティティーに基づく差別や虐待を受ける危険のある人の人権が等しく尊重され，保護され，実現されるよう保証する。

・成人間の同意に基づく報酬を目的とした性サービスの提供を，直接あるいは事実上犯罪化したり処罰したりする現行法を撤廃し，そのような新法を導入しない。

・路上徘徊，浮浪，移民資格に関する法律などを，セックスワーカーに対して差別的に適用しない。

・セックスワーカーの生活や安全に直接影響を及ぼすような法律や政策の策定に，セックスワーカーの意味ある参加を保障する。

・セックスワークのほとんど，あるいはすべての側面を一括して犯罪とするような法律ではなく，セックスワーカーの健康と安全を保護し，商業的性行為における搾取と人身取引（子どもを含む）のすべての行為を禁止する法律と政策を定める。

・セックスワークに従事する人がこれをやめるという選択をしたときに，やめることができるような実効性のある枠組みやサービスを提供する。

・セックスワーカーが，司法，保健その他の公共サービスに平等にアクセスでき，法律のもとで平等の保護を受けられるようにする。

（「セックスワーカーの人権を尊重し，保護し，実現する国家の責務に関するポリシー」2016 年 5 月26日，アムネスティ・インターナショナル日本ＨＰより。https://www.amnesty.or.jp/news/pdf/SWpolicy_201605.pdf）

アムネスティの立場は，セックスワークを規制する法律は，「かえってセックスワーカーの安全を脅かし，彼らを利用し虐待する側の不処分を招いて

いる」ことを問題として，現実にセックスワーカーとして生きている人々の人権を尊重し，保護し，実現することを国家に求めるものである。

批判の多くは非犯罪化＝合法化といった誤解からきているが，アムネスティの主張は売春の合法化ではない。それは，売買春をめぐる人権侵害を解消しようとするものである。

アムネスティも指摘しているように，現実には，セックスワーカーに対する差別は，ジェンダー，性的指向，性別自認，人種，カースト，民族，先住民，移民などの地位にもとづく差別として直接・間接に存在している。各国の取り組みの成果などに学びながら，こうした問題も包摂できるような方向での取り組みが模索される必要がある。

日本でも変化があった。2022年公布の「困難な問題を抱える女性支援法」である。それまでの売春防止法では当該女性を支援対象でなく指導・管理の対象とする差別的な視点があったが，新法では基本理念に当事者の「意思の尊重」「人権擁護」「ジェンダー平等の実現」を掲げ，「女性であることにより様々な困難な問題に直面することが多い」と支援の必要性を指摘している。

一歩前進だが日本になお残る課題が多々ある。これまで性産業は野放し状態で生活のすぐそばにあり，それに対して有効な対策がほぼなされてこなかった。貧困や格差の拡大と密接に関係しながら，性産業にかかわる多くの人の安全や権利が侵害されて劣悪な環境にある。その結果，女性のみならず，男性にも被害が及んでいる。男性に付与されるジェンダー・バイアス，たとえば，男性は強く，性的に能動的といった前提によって，男性の性被害がおざなりにされるように，貧困男性が引き寄せられるホストの危険などはあまり問題にされない。しかし，性の商品化が経済格差の問題との関連でその解決が求められれば，女性だけの問題とはならない。

自由と平等が保障され性産業のなくなる社会をめざしながら，現実に権利侵害されている人たちへの安全と人権保障は，早急になされるべきである。

（関口久志）

第14章

多様な家族・暮らしを考える

目標　多様化する家族の現状を知る。
　　　どうすれば多様な生き方が保障される社会になるか考える。

キーワード　「家族」「多様化」「社会システム」

1．家族とは何か

　図1は子ども向けの絵本に描かれている家族の絵である。あなたはこの絵を見てどのような感想をもつだろうか。この絵に描ききれていない，障がいや人種，宗教，外見などの特徴もあるだろう。もしこれは家族だ／家族ではないのではないかと思う場合，その判断基準となっているものは何だろう。

　また，ほかの人の家に行ったことがある場合，あなたの暮らしとの違いに気づかされたことはなかっただろうか。たとえば家の大きさや間取り，匂い，玄関の靴の並べ方，そこで暮らすメンバーの数や関係性，本の量，掃除の仕方，おやつの種類，ペットの存在など……。

　あなたは日々の暮らしを通して，さまざまな価値観を学んできた。その体験は自らが選択し，決めてきたことというよりは，周囲のおとなからの影響が大きいかもしれない。私たちは社会的な存在であるから，社会における家族規範（家族集団や家族上の地位について特定の条件が達成されることが望ましいとする価値づけ）がどのようなものかがこれには関係する。家族の「こうあるべき」かたちが，時には無意識の偏見や思い込み（アンコンシャス・バイアス）につながり，一人ひとりの可能性が狭められてしまうこともありうる。日本人の「国民性調査」（統計数理研究所）によると，家族を「一番大切なもの」と

図1　家族のかたち

出典）艮香織・柿崎えま『人間と性の絵本　考えよう！　人間の一生と性』大月書店，2022年

パート3　性と人間・社会との関係

捉えている率は増加傾向にある。また，ウェルビィーングを測る指標として家族が位置づけられることは多い。だからこそ家族や家庭の捉え方はつねに問い直され，更新される必要がある。多様な家族の形態が認められ，家庭の機能とされてきたことを国や自治体によって保障されることは幸福追求の権利である。

　ここであらためて家族の定義とは何か考えてみたい。『広辞苑』によると「夫婦の配偶関係や親子・兄弟などの血縁関係によって結ばれた親族関係を基礎にして成立する小集団。社会構成の基本単位」とある。フリードマン（経済学）によると，「情緒的な親密さによって互いに結びついた，地理的に近くで生活している二人以上の人々からなる」と定義づけられている。このように定義はさまざまであるが，国連国際家族年（1994年）には「唯一の家族像を追求しない」ことが強調されている（宣言，9項）。これまでの家族が実質的に多様化するなか，家族を主観的なものとして捉え直す考え方（主観的家族）である。個々人が家族として判断しているか／していないかによって，家族である／家族ではないとする考え方が広がりつつある。

2．家族と結婚は多様化したのだろうか

　多くの人がイメージする家族の形態は，実は近年になってつくられたものである。それでは家族はどのように変化してきたのだろうか。明治時代から見ていくと，明治民法で採用された家族制度である「家制度」においては男が戸主であり，統率権限をもち（妻や子どもたちを養い，監督する権利や義務をもち），家族の婚姻や養子縁組にも戸主の同意が必要であった。同民法によって妻は財産相続権などの権利を失うことになった。明治〜大正時代になると都市化，工業化が進み，なお第一次産業が主流とはいえ，産業構造が大きな変化を遂げるなか，月給生活者家庭が登場する。

　そこでは男性が会社に勤めて給料をもらい，その妻は家事労働と子育てを担っていた。この時期に「主婦」という言葉が使われるようになり，都市の中流家庭では「良妻賢母（良き妻で賢い母であること）」が理想とされていた。

戦時下になると「産めよ殖やせよ」という当時のスローガンにも現れているように，女性は早く結婚して子どもをたくさん産むことが求められた。戦後，日本国憲法の公布とそれにともなう民法の改正によって，それまでの「家制度」は廃止され，結婚は本人同士が自分の意志で決めるもので，家族は結婚した夫婦が対等な立場でつくるものと考えられるようになった。

1950年代に入ると高度経済成長によって，都市化が加速するなかで「核家族」が登場する。核家族は夫婦と未婚の子ども，一人親と未婚の子ども，夫婦のみによって構成される家族をいう。それまでは拡大家族（核家族にほかの家族が加わった形態）であったが，核家族化が進んでいく。同時に夫は外で働き，妻は家庭を守るという性別役割分業観がつくられ，定着した。

そして現代では，単独世帯や核家族（なかでも夫婦のみ世帯）が増加し，拡大家族世帯は減少傾向にある。また未婚化，晩婚化が進みつつあるなかで旧民法時代とは異なり，認識面においては家族も本人が選択して決めるライフスタイルの一つになりつつあるといってよいだろう。しかし一方で，自由な自己選択が保障されたうえでの決定とはいえない現状がある。

シングルで生きる

結婚しない（シングルで生きる）生涯未婚率は年々上昇傾向にあり，世帯構造の推移を見ても単独世帯が増加している。以前は「標準家族」とされていた親と未婚の子のみの世帯は2023年ですでに24.8％となっている。

結婚をしない（シングルで生きる）ことについて，国立社会保障・人口問題研究所の調査（2021年）によると未婚者の8割が「独身生活には利点がある」と答えており，「一生結婚するつもりはない」とする未婚者は女性6.8％，男性9.4％と 全体からすると少ないが増加傾向にある。しかし未婚者のうち「いずれ結婚するつもり」と答えた率は女性84.3％，男性81.4％と高い。結婚相手の条件では，男性は48. 2％が女性の経済力を重視または考慮するようになり，女性は男性の家事・育児の能力や姿勢を重視する割合が70.2％と上昇している。男性が経済的な柱になることが前提であった時代から変化しつつあることがうかがえる。また，「未婚者」と一口にいっても，選択肢と

して結婚をしない（シングルを選ぶ）人や結婚したくてもできない（または先送りしている）人が混在していることがわかる。

近年，これまで可視化されてこなかった高齢女性の貧困問題がようやく議論されはじめている。阿部彩による「相対的貧困率の動向」（2022年調査）では，65歳以上の単身女性の相対的貧困率は44.1％と高く，既婚者13.5％に比べ，未婚は43.1％，離別は43.6％，死別32.0％となっている。10万円未満の月額年金しかない女性が54.3％であった。これらは死別や離別も含むデータであるが，ひとり暮らしの高齢者は2025年には1084万人になると予想されるなか，自治体のサポートが議論されはじめている。

パートナーとともに生きる

結婚をする（婚姻関係）場合，法的な手続きをしない事実婚と，法的な手続きをする法律婚がある。後者が一般的な結婚のかたちとして考えられがちである。前者は，法律婚では夫か妻どちらかの姓を選ばなければならないことや，「入籍」という言葉に現れているように，どちらかの戸籍に入るという誤解がつきまとう戸籍制度に抵抗を感じるといった理由で事実婚を選択している。

事実婚か法律婚かによって，さまざまな行政のサービスが異なってくるのが現状である。しかし，先進国では事実婚を法律婚同様に行政的に支援する国も増えている。フランスでは 法律婚と事実婚の割合がほぼ同じであり，どのような婚姻関係であっても行政のサービスを受けられる。日本はそれとはほど遠い現実があるが，それでも少しずつ改善されつつある。

たとえば，これまでは事実婚を選択しても子どもができると法律婚の手続きをするケースが見られた。法律婚の子どもを嫡出子，事実婚の子どもを非嫡出子とし，出生届に記載しなければならず，また遺産相続の際に「非嫡出子（婚外子）」は半分とされる相続差別規定があった。これについて女性差別撤廃条約を批准した国が，女性差別撤廃の取り組みをしているかどうかを4年に1度，審査をしている女性差別撤廃委員会（CEDAW）からも「嫡出でない子とその母親に対する民法及び戸籍法の差別的規定がある」と指摘され

第14章　多様な家族・暮らしを考える　　169

てきた。それが2013年12月，改正民法によって撤廃されることとなった。

　法律婚では婚姻届を役所に提出するが，女性16歳，男性18歳に規定されてきた婚姻適齢（民法第731条）については，CEDAWからも男女同年齢にすべきと指摘され，2022年から満18歳以上に引き上げられた。

　2015年に渋谷区と世田谷区，2016年には兵庫県宝塚市，沖縄県那覇市，三重県伊賀市で同性間の「パートナーシップ」条例の取り組みが始まった。その後，導入自治体は少なくとも484まで広がっている（公益社団法人Marriage For All Japan 調べ，2025年1月時点）。税金や福利厚生面，また手続き上の諸経費の問題や法的な強制力の弱さなど，多くの課題があるものの，従来の婚姻制度の問題を問い直すうえでも重要な動きである。

　また，同性婚を法的に保障するための動きがある。民法などの規定では同性同士の結婚は認められておらず，これは憲法の「幸福追求権」（第13条）や法の下の平等（第14条），個人の尊厳と両性の本質的平等（第24条）違反なのではないかとする裁判が続いており，「違憲」であるとする判決が出されている（二審では3例目となる，2024年12月14日段階）。FNN世論調査（2024年7月）では，同性婚を法律で認めることについて，賛成は71%，20代以下では9割以上が賛成と回答している。こうした認識面に法制度を近づけていく必要がある。

　また，法律婚における姓の問題は，たびたび議論されてきた。あなたは，結婚をすると夫の姓に変えるものだと思っているだろうか。法律婚では夫か妻どちらかの姓を選択することになっている（民法第750条）が，9割以上が夫の姓を選択している。これは男性の家に女性が嫁ぐという家制度の名残ともいえる。働いている場合，「通称」として旧姓を使用するケースもある。姓を変えることでそれまでの自分を失う気持ちになるという意見もあるが，あなたはどのように思うだろうか。夫の姓になることで一体感を味わえてよいことだと捉えるだろうか。

　日本では選択的夫婦別姓（夫婦で違う姓を選ぶこともできるようになること）が認められていない。これを違憲とする集団訴訟が続いている。選択的夫婦別姓に関する世論調査（内閣府，2021年実施）によると，選択的夫婦別姓を「導

図2　離婚件数の年次推移（昭和25〜令和2年）

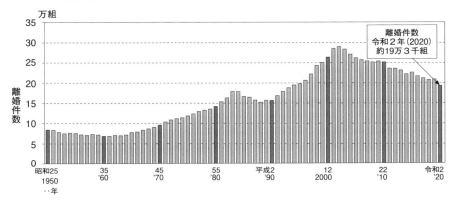

出典）厚生労働省HP

入した方がよい」29%，夫婦同姓を「維持したほうがよい」27%，夫婦同姓を維持したうえで「旧姓の通称使用の法制度を設けた方がよい」42%と，認識面でも多様化していることがうかがえる。

　これまで離婚において，再婚禁止期間の問題があった。離婚のイメージが変化し，人生の一つの選択肢として認められつつあって，2020年には約19万3000超が離婚をしている（図2）。そして婚姻の約4件に1件が再婚（26.4%）となっている。こうした現状にあって，女性のみ100日の再婚禁止期間が課せられていた。これはCEDAWからも勧告を受けてきたが，ようやく2024年4月に廃止となった。

「家族」の機能の一つとされてきたケア労働のいま

　あなたはどのくらい家事労働をしているだろうか。性別に固定されることなく，生活者として自立できているかどうかは，他者と対等平等な関係を築いていくうえで基本的なことである。SDGsの2023年報告書（UNITED NATIONS, https://sdgs.un.org/）を見ると，日本のジェンダー平等の追求は世界的に遅れており，女性は無報酬の家事労働という不平等な重荷を背負っており，1日に費やす時間は男性の2.5倍であることが指摘されている。各国比較でも男性の家事労働時間は短いことがわかる。これはCEDAWからも

「家父長制に基づく考え方や日本の家庭・社会における男女の役割と責任に関する深く根付いた固定的性別役割分担意識が残っている」こと，そして「依然として家庭や家族に関する責任を女性が中心となって担っている」ことが懸念事項として指摘されている。

内閣府の調査（2023年）によると，「夫は外で働き，妻は家庭を守るべきだ」との考え方に反対する人は64.3％と高く，賛成の43.5％を上回っている。家族に関する認識が変化し，実質的な家族のあり方も多様化しつつあるなかで，高度経済成長期を支えてきた近代家族に特徴的な性別役割分業は，すでに現実的ではない。しかしながら経済状況が混迷する昨今において，多くの企業では多様化する家族を保障するようなシステムが整っていないことが多い。ある程度，整っていたとしてもそれを活用し，働きながら無理なく家事労働や育児，介護等をしている身近なロールモデルとなるような年長者との出会いはきわめて少ない。家族やライフイベントについて認識面では多様化していても，それを支えるシステムが整っていないなかで，若者が希望をもって働くことができないでいる労働環境の深刻な現状が映し出されている。

これからは多様な個々人のワーク・ライフ・バランス，つまりは人間らしい生活が保障されるような社会システムづくりが求められている。

3. 「家族」が見えにくくしているもの

「家族」は一般的に肯定的なイメージで語られることが多い。テレビや雑誌を少し意識して見るだけでもそれはよくわかるだろう。さまざまな問題を「家族でのりきろう」「家族の絆」といったフレーズはいたるところに見られている。結婚に結びつく「恋愛（ヘテロセクシズムにつらぬかれた）」や「出産や子育て」も，「すばらしく」「人間的に成長する」と理想的に語られることが多い。

それはファンタジーといえるものだが，多くの人がそれを信じ（あるいは信じようとして），時に「善意で」他者に恋愛や結婚，出産などを勧める人もいる（ちなみに異性間でも同性間でも，結婚，出産について聞くことはセクシュアル・

ハラスメントになりうる）。それは同時に恋愛をしない，結婚を選択しない（または できない）者を無自覚に排除，差別しているのだが，そのことに気づかないほど「家族」ファンタジーは強力である。

「家族」ファンタジーが見えにくくしているものはほかにもある。前述した性別役割分業もそうである。家事労働や育児，介護は「家族であれば（言葉はなくとも）わかりあえる」「家族だから甘えていい」「相手の人間関係を含めて相手を丸ごと受け入れる＝愛情」といった，家族であること＝同質性を強要してよいという考え方のもとに女性のアンペイドワーク（無償労働）によって担われており，家族のなかでは許されると捉える人は少なくない。そこには互いが自立した個ではなく，共依存関係が生まれやすい。それが深刻化したものとしてはDVや子ども虐待の問題がある。

また，介護問題や高齢者虐待も，本来であれば社会システムとして整備されるべきことが不十分な結果，家族の自己責任のもとで解決しようとして多くの問題が噴出している。

4．家族のこれまでとこれから

日本の社会システムやセーフティネットは異性間の法律婚を基本単位としていることから，セクシュアル・マイノリティ，事実婚を選ぶ人，シングルで生きる人などには，さまざまな保障が行き届いていないという現状がある。たとえば配偶者控除や相続税，医療費控除の問題，生命保険の死亡保険金の受取人になるのが難しいこと（改善されつつあるが），手術や入院の同意書にサインできない，夫婦名義でローンを組むことができないなどがあげられる。

ここでは詳細に触れることができなかったが，この社会ではほかにも家族規範や人権としての性の理解不足・制度の不備から起きている問題が山積している。シングルマザーの貧困や，技能実習生（技能実習制度は育成就労制度として2027年までに創設予定）や移民女性のSRHRの問題がある。また，人工授精や不妊治療を行う手続きにおいて法律婚が前提となっているが，さらに現在，

第14章　多様な家族・暮らしを考える　　173

最終案が出されている「特定生殖補助医療法」が成立すると同性カップルや未婚女性は排除され，医療機関に罰則規定が科せられる可能性がある。

　一方で少しずつではあるものの，家族を捉え直す動きもある。いくつかをあげると，また，「性同一性障害」で性別を女性から男性に変更した男性と，妻との間にもうけた子（第三者からの精子提供による）が最高裁で嫡出子として認められた。住まい方もシェアハウス（個々人が住居をシェアする形態）やグループホーム（少人数が一緒に暮らすことができる小規模の共同住宅），コレクティブハウス（個別の生活空間をもちながら，個々人や家族が共有部分を共同で運営，管理する形態）など，個として他者と緩やかにつながって生きるという生活形態が広がりつつある。

　また，国際人権規約では，家族をもつことが人権として保障されるべきといった「人権としての家族」と，国家の取り組みの重要性がこれまでも示されてきた。「障害者の権利条約」はその作成のプロセスも内容も，国際社会における人権保障の取り組みの到達点とされるが，そこでも「家族及び家族の尊重」（23条）に，障がいのある人のSRHRの保障が明記されている。

　最後に，第1章で紹介した『ガイダンス』における家族の記述から，今後の家族を考えるうえでの手がかりとしたい。『ガイダンス』には家族の「形態」について，そのあり方は多様であり，それぞれのあり方を尊重することは，個人の尊厳や幸福追求の権利が保障されるための必要条件である。そして家族の「機能」については，①家族の本質的平等として，ジェンダー平等や多様性の尊重を前提とした役割や関係性のつくり方が記されている。また，②家族がさまざまな価値観の影響を受ける存在であり，「形態」と「機能」のどちらも，「家族」の枠の内側に自明のものとしてこれらがあるのではなく，権利保障を軸に展開されている点に特徴がある。このことは家族が排除してきた／いる現状を見つめ，乗り越えるための道筋を学びあうことにもつながる。

　家族に関する認識が変化し，実質的な家族のあり方も多様化しつつあるなかで，あなたは乳児期から高齢期までのライフステージにおいて，それぞれの考え方や生活状況によって生き方を選択をしていくことになる。あなたは

結婚する－しない，子どもをもつ－もたない，家事労働をする－しない，働く－働かない……といった各ライフイベントにおいてどのような選択をしたいだろうか。漠然と「みんなが選んでいるから」，とか「まわりのおとながそれがいいというから」「それが常識だから」という理由ではなく，ライフイベントにおける多様な選択に関する情報を収集し，具体的な現状と課題をふまえたうえで選び取ること，そして自らの権利を知り，行使すること（権利保障されていなければ，どこに行けばよいのかを知り，アクセスすることを含む），そして私たちはこの社会をつくる一人でもあるから，どうすれば多様性を前提とした社会システムに変えられるかということを考え，行動することが今後ますます求められる。

（艮　香織）

第15章

雇用平等の現実

目標

働き方の変化を知り，グローバル経済の雇用形態と労働法制の現状と課題や，ディーセント・ワークを理解する。
男女共通の労働規制が整備される過程，労働におけるジェンダー差が解消されない原因，労働者の権利保障を可能にする法規制のあり方を考える。

キーワード

「労働力率」「雇用の流動化」「同一労働同一賃金」「ハラスメント（パワー・セクシュアル・マタニティ）」「労働基準法」「女子保護規定」「男女雇用機会均等法」「育児介護休業法」「パートタイム労働法」「労働者派遣法」「有期雇用」「無期転換」「テレワーク」「フリーランス」

1．失われた30年と働き方の変化

　バブル経済崩壊後（1990年代），日本の実質GDP（国民総生産）の成長率は横ばいとなり，2024年現在も日本経済の低迷は続き「失われた30年」といわれている。その間にリーマンショック（2008年）やコロナパンデミック（2020年～）があり，働き方は大きく変化した。2023年の平均就業者数は6747万人で，就業率（15歳以上の人口に占める就業者の割合）は，61.2％と3年連続で増大し，コロナ前を超す勢いである。15歳から64歳の女性の増加が著しい。労働力率（15歳以上の人口のうち，就業者と完全失業者の人数を15歳以上の人口で割った値）で見ると，男性約7割に対し女性約5割と，女性は依然として非労働力人口が男性より多い（「労働力調査［基本集計］2023年［令和5年］平均結果の概要」）。だが働く希望はあるが求職活動をしていない女性が160万人おり（『令和6年労働経済白書』），潜在的労働需要がある。65歳以上の高齢者の就労も増加傾向にある。男女問わず，義務教育終了後のライフステージすべてで労働するのが普通になってきた。

　コロナパンデミック後，テレワークが急速に広がった。テレワークとは，「労働者が情報通信技術を利用して行う事業場外勤務」（厚生労働省『テレワー

図1 雇用型テレワーカーの割合の推移（男女別）

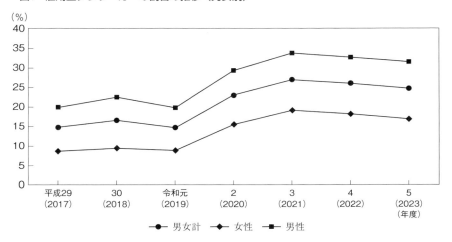

注）1．国土交通省「テレワーク人口実態調査」より作成。
　　2．「雇用型テレワーカー」とは，雇用型就業者のうち，これまでテレワークを実施したことがある者を指す。
　　3．雇用型就業者の「テレワーク」の定義は，ICT（情報通信技術）等を活用して，普段出勤して仕事を行う勤務先とは違う場所で仕事をすること，または，勤務先に出勤せず自宅その他の場所で仕事をすること。
出典）内閣府男女共同参画局HP「令和6（2024）年男女共同参画白書　特－図32」。

クの適切な導入及び実施の推進のためのガイドライン』2021年3月）のことで，インターネット等のICT技術を使用し自宅などで仕事をする，働く時間や場所を柔軟に活用できる働き方のことである。2023年テレワークを実施した者が有業者に占める割合は19.1％である（図1）。その多くが自宅で仕事を行っている。時間と空間を超えた労働の形態は，裁量労働，副業にも影響を与えている。2022年非農林業従事者のうち副業のある者は305万人で，5年前に比べ60万人増加，有業者に占める割合は，正規職員・従業員の場合，2.5％（5年前より0.9ポイント増），非正規の職員・従業員の7.2％（5年前より0.6ポイント増）と増加傾向にある（総務省統計局「令和4年就業構造基本調査結果の概要」）。

　また雇用関係とは異なり，委託されて業務を行うフリーランスという働き方も増えている。本業がフリーランスの人が有業者に占める割合は3.1％，年齢階級別では45～49歳が24万人で最も多い。産業分野別では「学術研究，専門，技術サービス業（服飾デザイン，著述業など）」，ついで「建設業」「不動産業，物品賃貸料」である（資料は同上）。

働き方が多様化した社会で労働におけるジェンダー差，とりわけ「男性は仕事，女性は家事・育児」を意味する性別役割分業は解消したのか。まずは労働の現状を『男女共同参画白書』などで確認し問題点を明らかにする。そして「働く権利」をジェンダー平等に保障する制度について考えたい。

2．M字型雇用からL字型雇用へ――残る性別役割分業

1960年代高度経済成長期には，大企業の正規男性労働者を標準とし，年功序列型賃金と終身雇用を核とする「日本型雇用」が形成された。男性が主たる家計の担い手となる家族賃金制のもと，家族が行う福祉サービスに依存した社会保障制度がつくられ，男性が家庭外で労働し，女性は家事・育児を担う性別役割分業が形成された。性別役割分業のもとで，女性は結婚や育児を機に退職することが慣例であったため，労働力人口の年齢階層別推移を示

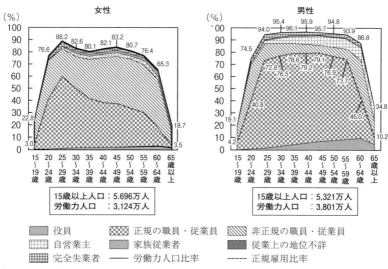

図2　就業状況別人口割合（男女，年齢階級別・令和5［2023］年）

注）1．総務省「労働力調査（基本集計）」より作成。
　　2．労働力人口比率は，当該年齢階級人口に占める労働力人口（就業者＋完全失業者）の割合。
　　3．正規雇用比率は，当該年齢階級人口に占める「役員」および「正規の職員・従業員」の割合。
出典）内閣府男女共同参画局HP「令和6（2024）年男女共同参画白書　特－2図」。

図3　正規雇用比率の推移（男女，年齢階級別）

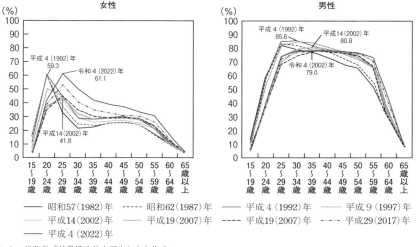

注）1．総務省「就業構造基本調査」より作成．
　　2．正規雇用比率は，当該年齢階級人口に占める「役員」および「正規の職員・従業員」の割合．
出典）内閣府男女共同参画局HP「令和6（2024）年男女共同参画白書　特－3図」．

すグラフの形は，女性の場合，ちょうど子育て期にあたる20代後半から30代にかけて落ち込み，底をうち，子育てが一段落するとグラフが上昇するM字型を描いていた。そのため結婚や育児を機に退職し，子育てが一段落すると就労する雇用形態をM字型雇用と呼んでいる。2023年度，このグラフの形が変化し，子育て世代でM字の底があがり，山型（台形）になってきたと指摘されている（『令和6年（2024）男女共同参画白書』図2）。ところが子育て世代の正規労働者の就業率は，20代をピークに急落し，代わりに非正規労働者が増加する。現在女性は，結婚や子育てを機に専業主婦にはなる人は減少している（図3，図4）。就業を継続するが，その働き方は正規から非正規労働に変化している。この現象を年齢別正規雇用比率のグラフの形からL字型雇用と呼ぶ。

　非正規労働の総数は，2002年以降増加の一途をたどっている。そのうち女性が占める割合は，現在67.8％，年齢別推移を見ると，20代後半〜30代と，65歳以上の高齢者の占める割合が増加している。非正規労働を選んだ理由は，

第15章　雇用平等の現実　　179

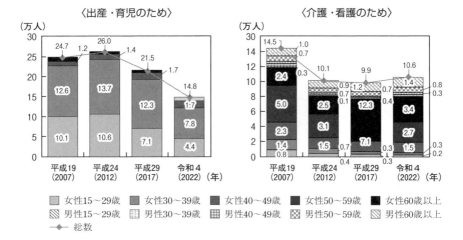

図4 育児・介護による離職者数の推移（男女，年齢階級別・過去1年間の離職者）

注） 1．総務省「就業構造基本調査」より作成。
2．平成19（2007）年調査における選択肢は「育児のため」および「家族の介護・看護のため」。
出典）内閣府男女共同参画局HP「令和6（2024）年男女共同参画白書 特－10図」

20代後半から50代半ばまでの非正規労働者の女性の2割から3割が，「家事・育児・介護等と両立しやすいから」である。非正規労働のうちでも，パート・アルバイトの割合が増加している。これに対し男性は，20代後半から50代半ばまでの非正規労働者の2割から3割が，非正規労働を選んでいる理由として，「正規の職員・従業員の仕事がないから」としている（図5）。また2023年の有償労働時間に関する，日本の女性の分担割合は37.5％で，韓国より低く，G7（先進国首脳会議）のなかで最低の状態だった。無償労働時間に関する日本の女性の分担割合は84.6％でG7のなかで1位，韓国も抜いている（図6）。グローバル化が進んだ現在の日本でも，女性が家事や育児を行うという状況に変化はない。テレワーク利用の理由でも，女性の場合就労調整にある。結婚，出産後に就労継続し，女性が，家事・育児・仕事を主に担当するという，新たな性別役割分業ともいえる。

　女性が結婚，出産後も働きつづけるなかで，なぜ性別役割分業がなくならないのだろうか。

図5 現在の雇用形態に就いている理由（非正規労働者，令和4［2022］年）

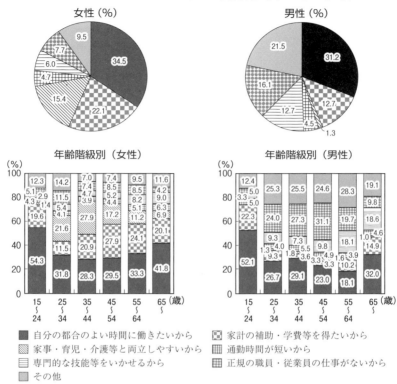

注）総務省「労働力調査（詳細集計）」より作成。
出典）内閣府男女共同参画局HP「令和6（2024）年男女共同参画白書 特－図15」

　その最大の要因は，労働時間にある。過去50年間の労働時間は，男女ともコロナパンデミック後減少し男性で週平均41時間程度，女性で32時間程度である（「労働経済分析レポート No.4『わが国の過去50年間（1973年～2023年）の労働時間の推移についての考察』」）。ただ49時間を超える人の割合が，2023年には男性約3割ぐらい，女性で約1割いる（『令和6年男女共同参画白書』）。男女合わせて全体で3割以上の労働者が40時間を超えており，定時に帰宅しにくい職場環境がある。雇用者にとっては，住宅費，教育費，老後の生活の安定のため，働き盛りである20代後半から40代にかけて貯蓄をする必要もある。物価上昇にもかかわらず賃金が上昇しなければ，長時間働かざるをえな

第15章　雇用平等の現実　　181

図6　有償労働時間と無償労働時間の女性の分担割合およびジェンダー・ギャップ指数

〈有償労働時間と無償労働時間の女性の分担割合〉

国名	(%)
スウェーデン	46.8
フィンランド	45.8
カナダ	44.1
フランス	42.7
米国	42.7
ノルウェー	41.9
ドイツ	41.5
英国	41.2
韓国	39.1
イタリア	37.6
日本	37.5

国名	(%)
日本	84.6
韓国	81.4
イタリア	70.1
英国	64.0
フランス	62.4
米国	62.1
ドイツ	61.7
カナダ	60.2
フィンランド	60.0
ノルウェー	57.4
スウェーデン	56.3

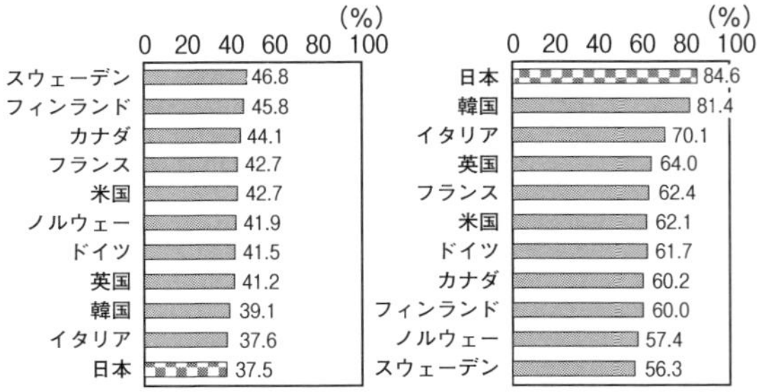

〈GGI（令和4（2022）年）〉

順位	国名	GGI値
2	フィンランド	0.860
3	ノルウェー	0.845
5	スウェーデン	0.822
10	ドイツ	0.801
15	フランス	0.791
22	英国	0.780
25	カナダ	0.772
27	米国	0.769
63	イタリア	0.720
99	韓国	0.689
116	日本	0.650

注）1．有償労働時間と無償労働時間の女性の分担割合はOECD "Balancing paid work, unpaid work and leisure (2021)"，GGIは世界経済フォーラム「Global Gender Gap Report 2022」より作成。
　　2．有償労働は，「paid work or study」に該当する生活時間，無償労働は「unpaid work」に該当する生活時間。
　　3．「有償労働」は，「有償労働（すべての仕事）」，「通勤・通学」，「授業や講義・学校での活動等」，「調査・宿題」，「求職活動」，「その他の有償労働・学業関連行動」の時間の合計。「無償労働」は，「日常の家事」，「買い物」，「世帯員のケア」，「非世帯員のケア」，「ボランティア活動」，「家事関連活動のための移動」，「その他の無償労働」の時間の合計。
　　4．生活時間について，日本は平成28（2016）年，韓国は平成26（2014）年，英国は平成26（2014）年，フランスは平成21（2009）年，米国は令和元（2019）年，ドイツは平成24（2012）年，ノルウェーは平成22（2010）年，スウェーデンは平成22（2010）年，カナダは平成27（2015）年，フィンランドは平成21（2009）年，イタリアは平成25（2013）年の数値。
　　5．女性の分担割合は，（女性の労働時間）／（女性と男性の労働時間の合計）×100で算出。
出典）内閣府男女共同参画局HP「令和5（2023）年男女共同参画白書　図4」。

い。また雇用の多様化で，非正規労働のうち女性のパート・アルバイトは増加しているが，そのなかには正規労働者と同じ35時間以上働くフルタイム・パートも増加している。2021年以前には，フルタイム・パートが正規労働と同じ時間，同じ労働を行ったとしても，賃金が低く社会保障も義務づけられていなかった。正規労働者と非正規労働者との賃金格差は，2023年の平均賃金では正規労働者に対し非正規労働者は7割弱である（「令和5年賃金構造基本統計調査の概況」）。正規労働者と非正規労働者との賃金格差，社会保障などの待遇格差が，性別役割分業を温存させてきたのである。

　全国労働組合総連合女性部の調査「女性労働者の健康・労働実態及び雇用における男女平等調査」「妊娠・出産・育児に関する実態調査」（2020年）によると，女性労働者の要望の1位は賃金の上昇で，2位が人員増であった。

図7 平均給与（実質）の推移（男女，年齢階級別）

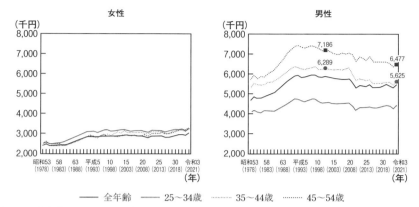

注）1．国税庁「民間給与実態調査」より作成。
　　2．1年を通じて勤務した給与所得者の平均給与を令和2（2020）年基準の消費者物価指数（持家の帰属家賃を除く総合）で補正して作成。
　　3．平均給与は給与支給額を給与所得者数で除したもの。
　　4．給与支給総額は，各年における1年間の支給総額（給料・手当および賞与の合計学をいい，給与所得控除前の収入金額である）で，通勤手当等の非課税分は含まない。なお，役員の賞与には，企業会計上の役員賞与のほか，税法上役員の賞与と認められるものも含まれている。
出典）内閣府男女共同参画局HP「令和5（2023）年男女共同参画白書　特‐4図」。

　有休をとれない理由の1位は，正規・非正規労働どちらも人手不足である。非正規労働では，2位が職場における人間関係，正規労働でも3位に入っている。企業が把握している範囲ではあるが，セクハラ・パワハラの件数は2020年度より減少している（厚生労働省「令和5（2023）年度 職場のハラスメントに関する実態調査」）。その調査によると，セクシュアルハラスメント・パワーハラスメント（以下セクハラ・パワハラ）を経験した人に多い職場環境の1位が「人手が常に不足している」，4位が「残業が多く休暇が取りにくい」である。長時間労働が常態化している職場は，就労調整をしにくい。特に，マタニティハラスメント（以下マタハラ）については，2020年から件数に変化がない。男性の育休にからむパワハラの件数も同様である。人手不足のもとで，家事・育児を担当する労働者が職場のストレスのはけ口になっている可能性が高い。

　以上，長時間労働のもとで，女性の性別役割分業が温存されたと考えられ

る。性別役割分業は，男女の賃金格差をもたらす（図7）。女性には自由な時間がなく，賃金が低いため，年金も低くなり，65歳以上の高齢になっても働きつづけることになる。

3. 男女雇用機会均等法から女性活躍推進法へ

　新たな性差別ともいえるこの状況の背景には，オイルショック（1973，1978年）後，1990年代バブル景気をはさみつつ現在まで進行してきた産業構造の再編がある。ICT革命は，産業構造の再編（製造業中心からサービス業中心へ）と，少子高齢化，グローバル化，情報化への対策を並行して進めてきた。その過程で行われた低コスト競争は，特にバブル崩壊後，急速に雇用の流動化を推進してきた。そのモデルは，1995年日経連が発表した『新時代の「日本的経営」』に求められる。それによれば，終身雇用慣行を事実上解体し，「雇用形態の多様化」により，非正規雇用の拡大と正規雇用との入れ替えを行うこと，年功序列による賃金体系を廃止し「個別成果主義管理」を徹底させること，裁量労働や変形労働などにより労働時間を弾力化し人件費の節減と労働を効率化すること，が提案されている。実際の政策はどのように展開してきたのだろうか。

　女性差別撤廃条約を批准（1985年）する際につくられた「雇用の分野における男女の均等な機会及び待遇の確保等に関する法律」（1985年，男女雇用機会均等法）は，女性差別を禁止する（募集，採用，配置，昇進については努力義務，教育訓練，退職，福利厚生における差別は禁止）一方，労働基準法改正により，業種を限定して女子保護規定を改め，平等の名のもとに，労働時間の制限や深夜業の禁止を撤廃した。つまり女性差別を禁止する一方で女性の働かせ方を緩和し，女性にも長時間労働などを可能にする，という二面性があった。男女雇用機会均等法が成立した1985年には，「労働者派遣事業の適正な運営の確保及び派遣労働者の就業条件の整備等に関する法律」（現在は「労働者派遣事業の適正な運営の確保及び派遣労働者の保護等に関する法律」に名称変更。労働者派遣法）が成立し雇用の流動化の道も開かれた。その後1991年には「育児休業，

介護休業等育児又は家族介護を行う労働者の福祉に関する法律」（育児介護休業法）が，さらに1993年には，「短時間労働者の雇用管理の改善等に関する法律」（パートタイム労働法）が成立した。こうして一応，多様な雇用形態にかかわらず男女共通の労働に関する法規制が整い，日本はILO156条約「家族的責任を有する男女労働者の機会及び待遇の均等に関する条約」（家族責任条約。ワーク・ライフ・バランスを権利と認め，そのための労働条件の整備を規定）を批准した（1995年）。

　当初女性に対する差別禁止を規定していた男女雇用機会均等法も，二度の改正（1997年，2006年）を経て現在では，男女両方の差別禁止を規定している。女子保護規定の深夜業と労働時間の制限は全業種にわたり撤廃され，妊娠による不利益な取り扱いの禁止のほか，セクハラ防止，ポジティブ・アクションや間接差別（正当な理由のない条件の設定により，男女と特定していないにもかかわらず，実際には雇用に際して性別により不利益が生じること）についての規定が加えられた。しかし間接差別であるコース別人事管理は，現在も継続している。コース別人事管理とは，男女別の募集ができなくなったため転勤などはあるが管理職になれる総合職と，管理職になれない一般職（事務職）とに分けて採用する人事管理のことで，男女雇用機会均等法成立当初より行われてきた。また度重なる労働基準法の改正により，労働時間の基準の緩和（8時間労働制を崩す裁量労働制と変形労働制の対象の拡大）が進められ，1999年労働者派遣法改正により派遣対象業種が原則自由化となり，長時間・不安定な雇用増大の原因となった。2008年リーマンショック以降の不況下で，2012年前後からワーキングプアや待機児童や介護離職が社会問題化した。マタハラ最高裁判決（2014年10月最高裁小法廷）は，妊娠・出産・育児休業・介護休業による労働環境の悪化を防止する法体制の強化を後押しした。

　第二次安倍内閣（2012年12月）は，日本経済再生本部を設置し2020年までデフレ下での経済成長戦略（アベノミクス）を推進した。成長戦略のなかの少子高齢化社会対策として，女性労働の活用（女性活躍推進「日本再興計画改定2014」）と労働のグローバル化・多様化を可能にする労働政策を実施した。

　女性労働の活用に対して，「女性の職業生活における活躍の推進に関する

法律」（女性活躍推進法，2026年3月までの時限立法）が成立した（2015年8月）。事業者は女性労働の活用計画を公表することで，認定企業としてイメージアップが図れる。活用計画のうち最低4項目，女性採用率，男女の平均継続勤務年数の差異，労働者の各月ごとの平均残業時間数等の労働時間の状況，管理職に占める女性労働者の割合を公表しなければならない。2022年より対象事業者は拡大し，301人以上雇用している事業者は，男女賃金格差の公表も義務づけられた。

　労働のグローバル化・多様化に対しては「働き方改革を推進するための関係法律の整備に関する法律」が成立し（2018年），労働基準法を中心に労働関連の法律全体（労働安全衛生法，パートタイム労働法，労働契約法，労働者派遣法等）を見直す「働き方改革」を行ってきた。そのなかで長時間労働の制限（過労死の防止），同一労働同一賃金，均等待遇に関する法改正を実施してきた。

　均等待遇としては，「働き方改革」に先立ち，労働契約法（2012年8月）で，有期労働契約5年更新すると無期転換が可能になった。2020年には，パートタイム労働法と労働者派遣法が改正され，雇用形態にかかわらない公正な待遇の確保に向け，①不合理な待遇差を解消するための規定の整備，②労働者に対する待遇に関する説明義務の強化，③行政による法の履行確保措置及び裁判外紛争解決手続（行政ADR）が整備された。不合理な待遇禁止に関する是正指導の相談件数は急増したが，均等待遇に向けて見直しを実施した企業数は漸増であり十分とはいえない。有期労働契約における雇止め問題の発生により，2024年4月より，契約期間と更新回数の明示による雇止め防止策がとられた。

　「働き方改革」に先立ち，育児・介護休業法（2016年3月），男女雇用機会均等法（2016年8月）等の法改正により，マタハラなどの労働環境改善，コース別雇用管理による間接差別の制限などの対策を部分的に実施し，性別役割分業を具体的に克服する施策を実施した。育休の男性取得率を上げるため，産前産後4週間（本人の意思で一時的な職場復帰可能）が新たにつくられた（育児介護休業法改正，2022年）。その後，男性の育児休業取得率は漸増しているが，育休中の不十分な給与保障が原因となり伸び悩んでいる。

労働時間の規制については，「働き方改革」に先立ち過労死等防止対策推進法が成立（2014年11月），2018年労働基準法改正により36協定にもとづく時間外労働に制限が加えられ，原則として月45時間，年360時間になった。ただ特例で年間960時間の時間外労働が可能，高度プロフェッショナルという特定業種への裁量労働導入など，新たに正規労働者の労働時間制限の緩和が生じている。

4．労働と生活の権利の保障のために

経済のグローバル化，雇用の多様化のもと，ILOでも労働規制を拡充してきた。ILOは，175号条約「パートタイム労働に関する条約」（1994年），183号条約「1952年の母性保護条約（改正）に関する改正条約」（2000年），190号条約「仕事の世界における暴力及びハラスメントの撤廃に関する条約」（2019年）を採択した。しかし日本は批准していない。また2008年「公正なグローバル化のための社会正義に関するILO宣言」を採択し，ディーセント・ワーク（働きやすい人間らしい仕事）の実現を求めた。ディーセント・ワークは，均等待遇の実現，同一価値労働同一賃金（ペイ・エクイティ）の徹底，長時間労働の禁止（ワーク・ライフ・バランス），最低賃金の保障を含んでいる。オランダ，フランス，北欧諸国など，すでに男女共通の労働規制で新たなライフスタイルを実現している。2024年女性差別撤廃委員会（CEDAW）は8項目にわたり，雇用分野の勧告を行った。政府機関，労働組合などの役職者に女性がなり，女性活躍も少しは進んだ。2024年5月13日AGCグリーンテック事件判決で，日本初の間接差別違法の判決が勝ち取られた。日本政府に上記のILO条約の批准を求め，国内法における男女共通の労働規制に実効性をもたせる必要がある。

（中嶋みさき）

参 考 文 献

国際家族計画連盟（IPPF）『セクシュアル／リプロダクティブ・ヘルス用語集（セクシュアル／リプロダクティブ・ヘルス用語検索サイト）』https://www.joicfp.or.jp/ippf/

公益財団法人ジョイセフ『世界のセクシュアル・リプロダクティブ・ヘルス／ライツを目指す道のり1968-2021（日本語追補改訂版）』https://www.joicfp.or.jp/jpn/wp-content/uploads/2021/03/SRHR1938-2021.pdf

国際家族計画連盟（IPPF）「テクニカル・ブリーフ　セクシュアル・リプロダクティブ・ヘルス／ライツ（性と生殖の健康と権利：SRHR）の新定義」https://www.ippf.org/jp/resources/IPPF_technical_brief_SRHR_japanese

WAS（World Association for Sexual Health）「世界性の健康学会学術集会・メキシコ大会　セクシュアル・プレジャー宣言」日本語訳　https://www.worldsexualhealth.net/_files/ugd/793f03_2285b89f85b14bd4865075beb1555478.pdf

橋本紀子・池谷壽夫・田代美江子編著『教科書にみる世界の性教育』かもがわ出版，2018年

ユネスコ編／浅井春夫・艮香織・田代美江子・福田和子・渡辺大輔訳『改訂版　国際セクシュアリティ教育ガイダンス——科学的根拠に基づいたアプローチ』明石書店，2020年

浅井春夫・遠藤まめた・染矢明日香・田代美江子・松岡宗嗣・水野哲夫編著『Ｑ＆Ａ多様な性，トランスジェンダー・包括的性教育——バッシングに立ちむかう74問』大月書店，2023年

一般財団法人日本児童教育振興財団内日本性教育協会編『「若者の性」白書 第8回青少年の性行動全国調査報告』小学館，2019年

浅井春夫『性教育バッシングと統一協会の罠』新日本出版社，2023年

包括的性教育推進法の制定をめざすネットワーク編『なぜ学校で性教育ができなくなったのか——七生養護学校事件と今』あけび書房，2023年

堀川修平『「日本に性教育はなかった」と言う前に——ブームとバッシングのあいだで考える』柏書房，2023年

日暮かをる『絵本 からだうた』エイデル研究所，2024年

石田仁『スッキリわかる！はじめて学ぶLGBT——基礎からトレンドまで』ナツメ社，2019年

高井ゆと里・周司あきら『トランスジェンダー Ｑ＆Ａ——素朴な疑問が浮かんだら』青弓社，2024年

菊地夏野・堀江有里・飯野由里子編著『クィア・スタディーズをひらく』全3巻，晃洋書房，2019〜23年

堀川修平『気づく 立ちあがる 育てる――日本の性教育史におけるクィアペダゴジー』エイデル研究所，2022年

基礎体温計測推進研究会編『もっと知りたい！基礎体温のこと――基礎体温の軌跡から学ぶ女性のこころ・からだ・リズム』十月舎，2010年

佐藤力『女性のためのピルの本』改訂版，幻冬舎，2019年

分娩期ケアガイドライン翻訳チーム『WHO推奨ポジティブな出産体験の分娩期ケア』医学書院，2021年

塚原久美『中絶技術とリプロダクティブ・ライツ――フェミニスト倫理の視点から』勁草書房，2014年

すぺーすアライズ訳・発行『薬剤による中絶 臨床上の一般的な質』2013年

谷口俊文(研究分担者)・水島大輔(研究代表者)『日本におけるHIV感染予防のための曝露前予防（PrEP）――利用者ガイド 第1版』https://jaids.jp/wpsystem/wp-content/uploads/2022/11/uder-guide-matome-1Pver.pdf

今村顕史『HIV感染症診療マネジメント知りたいことがここにある』医療ジャーナル社，2013年

平井美津子『新装版 「慰安婦」問題を子どもにどう教えるか』高文研，2024年

梁澄子『「慰安婦」問題ってなんだろう？――あなたと考えたい戦争で傷つけられた女性たちのこと』平凡社，2022年

斉藤章佳『こどもへの性加害――性的グルーミングとは何か』幻冬舎，2023年

宮崎浩一・西岡真由美『男性の性暴力被害』集英社新書，2023年

伊田広行『デートDV・ストーカー対策のネクストステージ――被害者支援／加害者対応のコツとポイント』解放出版社，2015年

伊田広行『シングル単位思考法でわかる デートDV予防学』かもがわ出版、2018年

レイ・オルデンバーグ，忠平美幸訳『サードプレイス――コミュニティの核になる「とびきり居心地よい場所」』みすず書房，2013年

橋元良明「若年層における情報行動の変化」日本情報教育学会編『情報教育ジャーナル』1(1)，2018，7-14頁

渡辺洋子「SNSを情報ツールとして使う若者たち」NHK放送文化研究所『放送研究と調査』69(5)，2019，38-56頁

“人間と性”教育研究協議会編『季刊 SEXUALITY（セクシュアリティ）』エイデル研究所，2001年〜（2025年1月現在119号発刊）

山下泰子・矢澤澄子監修，国際女性の地位協会編『男女平等はどこまで進んだか――女性差別撤廃条約から考える』岩波ジュニア新書，2018年

クラウディア・ゴールディン『なぜ男女の賃金に格差があるのか――女性の生き方の経済学』鹿田昌美訳，慶應義塾大学出版会，2023年

上野千鶴子『女ぎらい――ニッポンのミソジニー』朝日文庫，2018年

＊URLへのアクセスは，すべて2025年2月1日。

資料1 性の権利宣言（権利項目）

1. **平等と差別されない権利**：人は誰も，人種，民族，肌の色，性別，言語，宗教，政治上その他の意見，国民的もしくは社会的出自，居住地，財産，門地，障がいの有無，年齢，国籍，婚姻状況・家族関係，性的指向，ジェンダー・アイデンティティやジェンダー表現，経済的・社会的状況，又はこれに類するいかなる事由によっても区別されることなく，この宣言に掲げるすべての性の権利を享受することができる。

2. **生命，自由，および身体の安全を守る権利**：人は誰も，生命，自由，および安全についての権利を有し，セクシュアリティに関連する事由によってほしいままに脅かされたり，制限を受けたり，取り上げられるようなことがあってはならない。これには，性的指向，合意に基づく性的な行動や実践，ジェンダー・アイデンティティやジェンダー表現，性と生殖に関する健康に関するサービスへのアクセスや提供が含まれる。

3. **自律性と身体保全に関する権利**：人は誰も，セクシュアリティと身体に関する事柄について自由に自己管理し，自己決定する権利を有する。これには，他者の権利を尊重しつつ，性行動・性行為・性的パートナーや性的関係に関して選択する権利が含まれる。自由かつ情報に基づく意思決定を保障するには，性に関わるあらゆる検査・介入・セラピー・手術あるいは研究の実施に先立って，自由な環境で説明に基づく同意を得る必要がある。

4. **拷問，及び残酷な，非人道的な又は品位を傷つける取り扱い又は刑罰から自由でいる権利**：人は誰も，セクシュアリティに関連した事由による拷問，及び残酷な，非人道的又は品位を傷つける取り扱い又は処罰を受けるようなことがあってはならない。性別，ジェンダー，性的指向，ジェンダー・アイデンティティやジェンダー表現，あるいは多様な身体のありように関連する事由による拷問，及び残酷な，非人道的又は品位を傷つける取り扱いの例には，有害な伝統的因習，断種（不妊）・避妊・中絶の強制・強要などが含まれる。

5. **あらゆる暴力や強制・強要から自由でいる権利**：人は誰も，セクシュアリティに関連した暴力や強制・強要を受けるようなことがあってはならない。その例には，強姦，性的虐待，セクシュアル・ハラスメント，いじめ，性的搾取および性奴隷，性的搾取を目的とした人身取引，処女検査，および実際の又は（それがあったと）察せられた性行為，性的指向，ジェンダー・アイデンティティやジェンダー表現，あるいは多様な身体のありようを事由とする暴力が含まれる。

6. **プライバシーの権利**：人は誰も，性生活，自己の身体や合意に基づく性的関係や性行為に関する選択に関連したプライバシーに対して，ほしいままに干渉されたり侵害されたりすることから自由である権利を有する。この権利には，セクシュアリティに関連した個人情報を他者に開示することについてコントロール（管理・調節）する権利が含まれる。

7. **楽しめて満足できかつ安全な性的経験をする可能性のある，性の健康を含む，望みうる最高の性の健康を享受する権利**：人は誰も，楽しめて満足できかつ安全な性的経験をする可能性を含め，セクシュアリティに関して，望みうる最高の健康とウェルビーイングを享受する権利を有する。そのためには，性の健康を含む健康に影響を及ぼし，それを規定する状態に対して，質の高い保健サービスが利用できる形で存在し，入手可能であり，利用者が納得いくものになっている必要がある。

8. **科学の進歩と応用の恩恵を享受する権利**：人は誰も，セクシュアリティと性の健康に関わる科学的進歩と応用の恩恵を享受する権利を有する。

9. **情報への権利**：人は誰も，様々な情報源を通じて，セクシュアリティ・性の健康・性の権利に関する科学的に正しく，理解可能な情報を入手する権利がある。こうした情報がほしいままに検閲されたり，取り上げられたり，又は意図的に誤って伝えられるようなことがあってはならない。

10. **教育を受ける権利，包括的な性教育を受ける権利**：人は誰も，教育を受ける権利および包括的な性教育を受ける権利を有する。包括的な性教育は，年齢に対して適切で，科学的に正しく，文化的

能力に相応し，人権，ジェンダーの平等，セクシュアリティや快楽に対して肯定的なアプローチを
その基礎に置くものでなければならない。

11．**平等かつ十分かつ自由な同意に基づいた婚姻関係又は他の類する形態を始め，築き，解消する権**
利：人は誰も，結婚するかどうかを選択し，平等かつ十分かつ自由な同意に基づいた婚姻関係又は
他の類する形態を始め，築き，解消する権利を有する。すべての人に対して，婚姻関係又は他の類
する形態を始め，継続し，あるいは解消することについて，いかなる差別や排除を受けることのな
い平等な権利が保障されるべきである。これには，そうした関係性の形態の如何にかかわらず，社
会福祉および他の恩恵を享受する平等な権利が含まれる。

12．**子どもを持つか持たないか，子どもの人数や出産間隔を決定し，それを実現するための情報と手**
段を有する権利：人は誰も，子どもを持つか持たないか，子どもの人数や出産間隔を決定する権利
を有する。この権利を行使するためには，健康とウェルビーイングに影響を及ぼし，それを規定す
る要件や状態（妊娠・避妊・妊孕性・妊娠中絶・養子縁組に関連する性と生殖に関する保健サービ
ス）にアクセスする権利が保障されなければならない。

13．**思想，意見，表現の自由に関する権利**：人は誰も，セクシュアリティに関する思想，意見，表現
の自由に関する権利を有し，他者の権利を尊重しつつ，外見，コミュニケーションおよび行動など
を通じて，自己のセクシュアリティを表現する権利を有する。

14．**結社と平和的な集会の自由に関する権利**：人は誰も，セクシュアリティや性の健康と権利などに
関して，平和的に組織化，結社，集会，行動する権利を有する。

15．**公的・政治的生活に参画する権利**：人は誰も，人間の生活における市民的，経済的，社会的，文
化的，政治的およびその他の側面について，地方・国・地域・国際的レベルで，活発にして自由で
意味ある参画と貢献を可能にする環境に対する権利を有する。とくに，すべての人は，セクシュア
リティと性の健康を含む，自己の福祉を規定する政策の策定および施行に参加する権利を有する。

16．**正義，善後策および救済を求める権利**：人は誰もが，性の権利侵害に対する正義，善後策，救済
を求める権利を有する。この権利を行使する手段は，有効で，適切で，アクセス可能で，適切でな
ければならず，適切な教育措置，法的措置，司法措置および他の措置を必要とする。善後策には，
賠償，補償，リハビリテーション，満足感，および再発防止の補償などによる救済が含まれる。

注）東優子・中尾美樹ほか訳。英語版：http://www.worldsexology.org/resources/declaration-of-sexual-
rights

資料２　『改訂版　国際セクシュアリティ教育ガイダンス』「キーコンセプト８　性と生殖に関する健康／トピック8.1 妊娠・避妊」の学習目標

学習目標（9～12歳）

キーアイデア：妊娠の主要な特徴を理解することは重要である
・妊娠の一般的な兆候を列挙する（知識）
・妊娠を確認することができる入手可能な検査について説明する（知識）
・早期結婚（自発的でも強制的でも）と，早期妊娠・出産によって引き起こされる健康のリスクを列挙する（知識）
・若年での意図しない妊娠は，健康面や社会面でネガティブな結果となる可能性があることを認識する（態度）
・もし妊娠の兆候があったときに，話すことのできる親や保護者，あるいは信頼できるおとなを明らかにする（スキル）

キーアイデア：現代的避妊法は避妊や妊娠の計画を助ける
・現代的避妊法やコンドーム，その他の意図しない妊娠を避ける方法に対する迷信を修正する（知識）
・性交をしないことが意図しない妊娠を防ぐ最も効果的な方法であることを説明する（知識）
・意図しない妊娠のリスクを下げるために，男性用と女性用コンドーム双方の正しい使い方の手順を説明する（知識）

キーアイデア：ジェンダー役割や仲間の規範は避妊具の使用の決定に影響しうる
・避妊具の使用におけるジェンダー役割や仲間での規範やさまざまな影響の仕方について議論する（知識）
・コンドームやその他避妊法の利用の決定には，性的パートナーの両方に責任があることを認識する（態度）
・避妊は男性と女性の両方の責任であることを認識する（態度）
・避妊具についてどう思うか，またそれらの意見に影響を及ぼすジェンダー役割や仲間の規範について省察する（スキル）

学習目標（12～15歳）

キーアイデア：避妊法はそれぞれに異なる成功率，効能，副効用と副作用がある
・意図しない妊娠を防ぐ効果的な方法と，それぞれに関連した効能について分析する（男性用・女性用コンドーム，低用量ピル，注射，インプラント＊，緊急避妊薬など）（知識）
・意図しない妊娠につながる個人の脆弱性について説明する（知識）
・正しく一貫して実行されれば，性交をしないことが意図しない妊娠を防ぐ効果的な方法になるということを明言する（知識）
・性的行動をとる場合は，コンドームと現代的避妊法を正しく一貫して使用することが，意図しない妊娠を防ぐことができることを明言する（知識）
・コンドームの正しい使い方をはっきりと示す（スキル）
・緊急避妊薬（合法かつ入手可能な場合）は，避妊具がなかったり，避妊具の使用を失敗したり，性被害にあったことによる妊娠を含む，意図しない妊娠を防ぐことができることを説明する（知識）
・伝統的避妊法は，現代的避妊法より信頼性がないが，現代的避妊法がない場合は伝統的避妊法でもしないよりはしたほうがよく，またそのような場合は健康の専門家に助言を求めるのがよいと思われるということを明言する（知識）
・不妊手術は永久的な避妊方法であることを明言する（知識）

192

キーアイデア：性的に活発で，避妊具の使用にメリットがある若者は，能力，婚姻状況，ジェンダー，ジェンダーアイデンティティ，性的指向にかかわらず，大きな障壁なしに避妊具にアクセス可能であるべきである
・コンドームや他の避妊具がその地域では一般的にどこで入手できるのか，また一方で，若者による入手を何らかの障壁が困難にしている場合もあることを分析する（知識）
・性行為をしている若者は誰しも，婚姻状況やセックス，ジェンダーなどを理由に，避妊具やコンドームへのアクセスを拒否されることはあってはならないと認識する（態度）
・避妊具の情報源や供給源にアクセスするさまざまな方法を実際にやってみる（スキル）

キーアイデア：若すぎる出産や短すぎる出産間隔には健康上のリスクがある
・若すぎる出産の意味を明らかにし，それに付随する健康上のリスクを説明する（知識）
・出産間隔を空けることの利点を説明する（知識）
・妊娠を遅らせたり間隔を空けたりする重要性を認識する（態度）
・妊娠するかしないか，いつ妊娠するかについての選択を表明する（スキル）

学習目標（15〜18歳以上）

キーアイデア：避妊具の使用は，性的に活発な人々の妊娠を防ぎ，また，子どもをもつ・もたない，もつのであればいつもつかといった計画を助けることができる。それは避妊に関連する，個人と社会への重要な恩恵を伴っている
・入手可能な現代的避妊法（男性用・女性用コンドーム，低用量ピル，注射，インプラント，緊急避妊薬など）がもたらす，個人への恩恵と，ありうる副作用やリスクについて見極める（知識）
・性行為をするとき，最も適切な方法，もしくはいくつかの避妊法の組み合わせ方を決定するのに役立つ要因（判明しているリスク，コスト，入手しやすさなど）を調べる（知識）
・コンドームや緊急避妊薬を含む，避妊具を正しく使用することの重要性を認識する（態度）
・さまざまな避妊法について議論し，使用することに対する自信をはっきりと示す（スキル）
・自分が必要になった際，望ましい現代的避妊法にアクセスするための計画を立てる（スキル）

キーアイデア：意図しない妊娠というのは起こるもので，すべての若者は健康やウェルビーイング（幸福）に必要なサービスや保護にアクセス可能であるべきである
・思春期の母親が教育を受け続け修了する権利，差別なく性と生殖に関する健康にアクセスできる権利を守る法律や政策を調べる（知識）
・在学中に妊娠した思春期の女子を排除したり除籍したりすることは，その女子に対する人権侵害であると認識する（態度）
・意図しない／するにかかわらず，妊娠した女子や女性が入手可能なさまざまな保健サポートサービスを明らかにする（知識）
・危険な中絶は女性にも女子にも深刻な健康リスクを引き起こすことを理解する（知識）
・たとえ妊娠が早かったり，意図しないものであっても，妊娠した女性や女子は質の高い，安全で包括的なヘルスケアとサポートにアクセス可能であるべきと認識する（態度）
・意図した／しないにかかわらず妊娠した，またはすでに子どものいる友人や愛する人を，健康，教育，ウェルビーイング（幸福）の面でどのようにサポートできるかをはっきりと示す（スキル）

キーアイデア：まだ親になる準備ができていない，または親になれないときには，養子縁組も一つの選択肢である
・養子縁組のリスクと利点について見極める（知識）
・まだ親になる準備ができていない，親になれない場合には，養子縁組は重要な選択肢の一つであることを認識する（態度）

キーアイデア：健康な妊娠を手助けする習慣や脅かしうる習慣がある
・出生前の，健康な妊娠を手助けする習慣，脅かす習慣をそれぞれ見極める（知識）
・健康な妊娠を確実なものにすることは母親だけの責任ではないと認識する（態度）
・健康な妊娠を支えるための計画を立てる（スキル）
・出生前のサービスへのアクセス方法をはっきりと示す（スキル）

＊ 注射とは避妊薬の注射を，インプラントとは避妊用インプラントをさす。いずれも日本では認可されていない。

資料2 『改訂版 国際セクシュアリティ教育ガイダンス』「キーコンセプト8 トピック8.1 妊娠・避妊」の学習目標　193

資料3　相談機関一覧（2024年12月30日現在）

★思春期・身体について

思春期・FP相談LINE　https://www.jfpa.or.jp/puberty/telephone/
　03-3235-2638　思春期のからだ，心，性についての悩み相談。平日10～16時の間に到着順に回答

ピルにゃん　https://pillnyan.jp/
　ピル情報の総合サイト。知識や情報のほか，緊急避妊薬の入手先一覧あり

テルモ　https://www.terumo-womens-health.jp/
　基礎体温，月経，妊娠，婦人疾患，更年期など女性の身体とホルモンについての情報サイト

ピルコンU30のためのメール相談　https://pilcon.org/help-line/contact/pilconmail
　恋愛や性，こころ，からだ，関係性などの悩みや疑問について30歳以下のメール相談

チャイルドライン　https://childline.or.jp/
　毎日16時～21時：0120-99-7777（フリーダイヤル）　18歳までの子どものための電話相談

全国の性と健康の相談センター窓口一覧　https://www.mhlw.go.jp/stf/seisakunitsuite/bunya/kodomo/kodomo_kosodate/boshi-hoken/boshi-hoken14/
　保健師等による婦人科的疾患及び更年期障害，出産についての悩み，不妊等，女性の健康に関する相談窓口

BONDプロジェクト　https://bondproject.jp/about.html
　10代20代の生きづらさを抱える女性を，女性スタッフが支援する

★性感染症,HIV/AIDSについて

エイズ・人権リンク集　http://www.npo-jhc.com/
　エイズや性と人権に関する知識,研究情報,支援情報などの情報を発信しているサイトのリンク集

エイズ予防情報API-Net　https://api-net.jfap.or.jp/inspection/tel.html
　0120-177-812（携帯電話からは,03-5259-1815）

ぷれいす東京　https://ptokyo.org/
　0120-02-8341　月～土曜13～19時（HIV陽性者とパートナー・家族のための電話相談。厚生労働省委託事業）木曜15～18時は HIV陽性の相談員対応

性の健康医学財団　https://www.jfshm.org/
　Eメールによる「性の健康相談」を実施

HIV検査相談マップ　https://www.hivkensa.com/index.html
　検査・相談機関の検索サイト

Futures Japan　https://futures-japan.jp
　HIV陽性者のための総合情報サイト

★セクシュアル・マイノリティについて

よりそいホットライン　https://www.since2011.net/yorisoi/
　0120-279-338（全国）／0120-279-226（岩手・宮城・福島）セクシュアリティだけではなく性暴力・生活,被災などの相談にも対応している

NHKハートネット　福祉情報総合サイト　基礎情報・窓口一覧
https://heart-net.nhk.or.jp/heart/index.html
　セクシュアリティだけでなく,障がい,介護,生活などに関する情報や相談窓口情報にも対応している

NPO法人LGBTの家族と友人をつなぐ会　https://lgbt-family.or.jp/

東京弁護士会セクシュアル・マイノリティ電話法律相談
03-3581-5515　毎月第2木曜・第4木曜（祝祭日の場合は翌金曜）17〜19時

★妊娠について
全国にんしんSOS相談窓口　https://zenninnet-sos.org/contact-list
　思いがけない妊娠で悩む人のための全国の相談窓口を掲載している

にんしんSOS東京　https://nsost.jp/
　電話，メールなどで妊娠や避妊，中絶についての相談ができる

ピルコンにんしんカモ相談　https://pilcon.org/help-line/contact/ninshin-kamo
　妊娠の不安を抱える全ての人に，医師監修の避妊や検査，支援先などの情報を即座に自動応答で答えるLINEのチャットボット

★DV／性暴力などについて
aware（アウェア）　https://aware-jp.com/about/

原宿カウンセリングセンター　https://hcc-web.co.jp/

性暴力救援センター・大阪（SACHICO）　https://sachicoosaka.wixsite.com/sachico
072-330-0799（24時間ホットライン）

性暴力救援センター・SARC東京　https://sarc-tokyo.org
　無料ダイヤル#8891／0120-8891-77／03-5577-3899（24時間ホットライン）

女性センター　https://www.gender.go.jp/policy/no_violence/e-vaw/soudankikan/06.html
　内閣府男女共同参画局のHP。リンクから全国のセンターを検索できる

性暴力被害者支援情報サイト　ぱーぷるラボ　http://purplelab.web.fc2.com/onestopcenter.html
　全国の性暴力被害者支援ワンストップセンターの一覧あり

デートDV110番　https://ddv110.org/
　デートDVについての相談ができる

DV相談＋　https://soudanplus.jp
　さまざまな暴力（DV）について，電話やメール，チャットで相談できる

セーフライン　https://www.safe-line.jp/against-rvp/
　リベンジポルノなど違法なコンテンツを削除依頼の申請をしてくれる

東京都こたエール　https://www.tokyohelpdesk.metro.tokyo.lg.jp/
　東京都が運営するインターネットトラブル相談窓口

NPO法人ぱっぷす　https://www.paps.jp/
　デジタル性暴力やAV業界・性産業などで受けた困りごとの相談支援

★売買春などについて

出入国在留管理庁「人身取引対策への取組」　https://www.moj.go.jp/isa/publications/others/zinsin_index.html
　人身取引に関する情報提供・相談窓口一覧

風テラス　https://futeras.org/
　風俗で働く人のための生活・法律相談

NPO法人ぱっぷす（性暴力欄で既述）でも相談できる

★労働問題について

首都圏青年ユニオン　https://www.seinen-u.org/
　どんな働き方／職業でも入れる若者のための労働組合。若者向けの労働問題に対応。火曜・金曜17～21時（フォーム，メール，電話での相談あり）

全国ユニオン　https://www.zenkoku-u.jp/
　どんな働き方／職業でも入れる労働組合

ブラックバイトユニオン　https://blackarbeit-union.com/
　ブラックバイトによって学生生活を脅かされることのない働き方をめざす団体。相談・問い合わせinfo@blackarbeit-union.com／03-6804-7245

はたらく女性の全国センター（働く女性のホットライン）　http://wwt.acw2.org/
　0120-787-956（毎月０と５のつく日の　平日18～21時，土日祝14～17時）

厚生労働省　総合労働相談コーナー　地域別の相談先　http://www.mhlw.go.jp/general/seido/chihou/kaiketu/soudan.html
　職場のトラブルに関する相談や，解決のための情報提供

★セクシュアリティを知りたい学びたいときに役立つウェブサイト

"人間と性"教育研究協議会　https://www.seikyokyo.org/
ココカラ学園　https://kids.yahoo.co.jp/sei
#つながるBOOK（jfpa.or.jp）　https://www.jfpa.or.jp/tsunagarubook/
セクソロジー SEXOLOGY　https://sexology.life/
国際セクシュアリティ教育ガイダンス　https://sexology.life/world/itgse/
セイシル　ティーンの性にこたえる　https://seicil.com/
ピルコン　悩み学びサイト　https://pilcon.org/help-line

★動画サイト

AMAZE〈性教育動画〉PILCON　https://pilcon.org/activities/amaze

（アクセスはすべて2025年２月15日）

あとがき

　本書を読み終えた方は，どんな感想をもったでしょうか。高校までの授業や課外活動等では，詳しく学ぶ機会がなかった内容があったでしょうか。

　ジェンダー・セクシュアリティをめぐる国際的動向は，ここ30年ばかりの間に大きく変化しています。とりわけ，2014年の本書初版本からの10年間に，人権教育としての性教育，包括的性教育がヨーロッパ諸国だけではなく，アジア，ラテンアメリカ，アフリカ諸国などでも各国独自の形で採用され，普及するようになってきました。

　それに比して，日本の場合は，「科学」と「人権」にもとづく性教育という観点からは大きな後れをとっています。学習指導要領の「歯止め規定」によって，小・中学校では人間の性や生殖について科学的に教えられないとか，性教育関連事項を主に扱っている保健科の教科書はいまでも異性愛主義をとっているなど問題を抱えたままです。2023年度から文科省主導の「生命（いのち）の安全教育」が全国的に始まりましたが，この教材にも，人権にもとづかず，人間の性を科学的に扱わないことによる制約，不十分さがあります。

　「科学」と「人権」にもとづいた包括的性教育を実施している諸国では，程度の違いはありますが，性の多様性を含むジェンダー平等社会実現のための法制化がいろいろな分野で進んでいます。2024年の世界経済フォーラムのジェンダー・ギャップ指数が146か国中118位の日本は，この点で圧倒的に後れをとっています。昨年10月にジュネーブで行われた国連の女性差別撤廃委員会（CEDAW）による日本政府報告書審査後の総括所見でもそれは示されていました。これが，包括的性教育の推進を難しくしていることは確かです。しかし，ここ数年，当事者のまた各分野のNGOや市民の運動によって，まだまだ問題含みではあっても，少しずつジェンダー平等関連の法制化を実現してきています。たとえば，

＊政治分野における男女共同参画の推進に関する法律の一部改正（2021年6月
　公布・施行）

＊女性活躍推進法の省令改正により，「男女賃金格差の開示義務化」（2022年
　7月施行）
＊性的指向及びジェンダーアイデンティティの多様性に関する国民の理解増
　進法·（2023年6月施行）
＊性犯罪規定を「強制性交等罪」から「不同意性交等罪」へと変更した改正
　刑法（2023年7月施行）
＊困難な問題を抱える女性への支援に関する法律（2024年4月施行）など。

　また，まだまだ厳しい条件付きですが，緊急避妊薬の薬局販売や母体保護
法指定医師による経口中絶薬の処方が認められようになり，人々の意識も確
実に変化してきています。これらの動向は学校における性教育にも一定の変
化をもたらし，人権教育は思いやりではなく，各人がもっているさまざまな
権利を具体的に認識させることと捉えられるようになってきました。こうし
て，人権教育としての性教育に注目する意見も増えています。

　第3版は，このような国内外の変化をふまえて，パート2を「性と健康・
からだと生殖の権利」とし，パート3を「性と人間・社会との関係」として，
いくつかの章を組み換え，10章を「性と暴力」に，12章に新たに「SNS・
ICTsがジェンダー・セクシュアリティに与える影響」を設けました。これ
らの章は，新たに加わった書き手によって，現在の学生たちや若者の実情を
伝えてくれています。

　本書は2012年の晩秋に角田三佳さんから刊行の依頼を受けたことに始ま
り，執筆者一同の共同作業によって，できあがったものです。初版本作成段
階では，まだ若く余裕のあった執筆者がそれぞれの職場や家庭で忙しくなり，
多忙ななかをここまで述べてきたような国内外の変化を押さえた論考を寄せ
てくれました。また，第3版を予定どおりみなさまにお届けすることができ
たのは，何よりも，大月書店の編集者角田三佳さんの適切なアドバイスと迅
速な作業のおかげです。心より感謝申し上げます。
本書が多くの場所で，活用され，少しでも，日本の子どもや若者たちの性的
健康を守ることに貢献できれば望外の幸せです。
　2025年1月17日　　　　　　　　　　　　編者を代表して　橋本紀子

執筆者

井上惠美子（いのうえ　えみこ）
フェリス女学院大学教授　1957年生まれ（第2章担当）
主な著作：『少しだけ「政治」を考えよう！——若者が考える社会』（共著，松柏社，2018年），「バッシングの全体像——バッシングは何を攻撃したのか」（『季刊セクシュアリティ』第111号，エイデル研究所，2023年）

艮　香織（うしとら　かおり）
宇都宮大学准教授　1975年生まれ（第4章，第11章，第14章）
主な著作：『ようこそ！思春期——おとなに近づくからだの成長のはなし』（共訳，大月書店，2024年），『新版 子ども家庭福祉』（編著，建帛社 2025年）

小林由美（こばやし　ゆみ）
松本看護大学（第7章，第8章）
主な著作：『子どものからだと心　健康教育大事典』（共著，旬報社，2001年），『フィンランドにおける性的ライフスタイルの変容——3世代200の自分史による調査研究』（共訳，大月書店，2006年）

中嶋みさき（なかじま　みさき）
女子栄養大学准教授　1963年生まれ（第15章）
主な著作：『戦争期少女日記——自由学園・自由画教育・中島飛行機』（共著，教育史料出版会，2020年），『国連子どもの権利条約と日本の子ども期——第4・5回最終所見を読み解く』（共著，本の泉社，2020年）

平井美津子（ひらい　みつこ）
大阪大学・大阪公立大学・立命館大学非常勤講師　1960年生まれ（第10章）
主な著作：『事典　太平洋戦争と子どもたち』（共編著，吉川弘文館，2022年），『新装版 「慰安婦」問題を子どもにどう教えるか』（高文研，2024年）

福田和子（ふくだ　かずこ）
#なんでないのプロジェクト代表／東京大学 特任研究員　1995年生まれ（第2章）
主な著作：『改訂版　国際セクシュアリティ教育ガイダンス』（共訳，明石書店，2020年）

堀川修平（ほりかわ　しゅうへい）
日本学術振興会特別研究員PD　1990年生まれ（第12章）
主な著作：『気づく 立ちあがる 育てる——日本の性教育史におけるクィアペダゴジー』（エイデル研究所，2022年），『「日本に性教育はなかった」と言う前に——ブームとバッシングのあいだで考える』（柏書房，2023年）

丸井淑美（まるい　よしみ）
日本赤十字秋田看護大学教授　1965年生まれ（第9章）
主な著作：『教科書に見る世界の性教育』（共著，かもがわ出版，2018年），『自分を生きるための〈性〉のこと——性と人間関係編』（共著，少年写真新聞社，2023年）

茂木輝順（もてぎ　てるのり）

SBC 東京医療大学准教授　1979年生まれ（第2章）

主な著作：『若者の性の現在地──青少年の性行動全国調査と複合的アプローチから考える』（共著，勁草書房，2022年），『「生命と性」の教育』（共著，玉川大学出版，2021年）

森岡真梨（もりおか　まり）

女子栄養大学栄養科学研究所客員研究員／東京女子大学非常勤講師　1980年生まれ（第6章）

主な著作：『教科書にみる世界の性教育』（共著，かもがわ出版，2018年）

渡辺大輔（わたなべ　だいすけ）

埼玉大学准教授　1973年生まれ（第3章）

主な著作：『性の多様性ってなんだろう？（中学生の質問箱）』（平凡社，2018年），『知ってる？　ジェンダー・セクシュアリティ　マンガ カラフルＫｉｄｓ』（共著，子どもの未来社，2023年）

編者

橋本紀子（はしもと　のりこ）
女子栄養大学名誉教授　1945年生まれ（第1章）
主な著書：『フィンランドのジェンダー・セクシュアリティと
教育』（明石書店，2006年），『青年の社会的自立と教育——高
度成長期日本における地域・学校・家族』（共編，大月書店，
2011年），『教科書にみる世界の性教育』（共編，かもがわ出
版，2018年）など

田代美江子（たしろ　みえこ）
埼玉大学教育学部教授　1962年生まれ（第1章，第2章）
主な著書：『思春期の子どもたちに「性の学び」を届けたい！
実践　包括的性教育——『国際セクシュアリティ教育ガイダン
ス』を活かす』（共著，エイデル研究所，2022年），『自分を生
きるための〈性〉のこと——性と人間関係編』（監著，少年写
真新聞社，2023年），『Ｑ＆Ａ多様な性・トランスジェンダー・
包括的性教育——バッシングに立ちむかう74問』（編著，大月
書店，2023年）など

関口久志（せきぐち　ひさし）
一般社団法人"人間と性"教育研究協議会（性教協）幹事
1954年生まれ（第4章，第5章，第13章）
主な著書：『『性教育の壁』突破法！』（十月舎，2004年），『『性
教育の輪』連携法！』（十月舎，2007年），『改訂　性の"幸"せ
ガイド』（エイデル研究所，2021年）など

装幀　森デザイン室

シリーズ　大学生の学びをつくる
ハタチまでに知っておきたい性のこと　第3版

2025年3月25日　第1刷発行		定価はカバーに 表示してあります
		橋　本　紀　子
編　者		田　代　美江子
		関　口　久　志
発行者		中　川　　進

〒113-0033　東京都文京区本郷2-27-16

発行所　株式会社　大　月　書　店　　印刷　三晃印刷
　　　　　　　　　　　　　　　　　　　製本　中永製本
電話（代表）03-3813-4651　FAX 03-3813-4656　振替 00130-7-16387
https://www.otsukishoten.co.jp/

© Hashimoto Noriko et al. 2025

本書の内容の一部あるいは全部を無断で複写複製（コピー）することは
法律で認められた場合を除き，著作者および出版社の権利の侵害となり
ますので，その場合にはあらかじめ小社あて許諾を求めてください

ISBN978-4-272-41246-4　C0036　Printed in Japan

Q&A　多様な性・トランスジェンダー！

浅井春夫ほか編著
A5判一六〇頁
本体一七〇〇円

包 括 的 性 教 育

ジェンダーの視点で学ぶ憲法入門

川口かしみ著
A5判二四〇頁
本体二五〇〇円

日本のポストフェミニズム

「女子力」とネオリベラリズム

菊地夏野著
四六判二〇八頁
本体二四〇〇円

これからの男の子たちへ

「男らしさ」から自由になるためのレッスン

太田啓子著
四六判二六四頁
本体一六〇〇円

──── 大 月 書 店 刊 ────
価格税別